BLUEPRINT FOR TOMORROW

Redesigning Schools for Student-Centered Learning

重新设计一所好学校

简单、合理、多样化地解构和重塑现有学习空间和学校环境

［美］普拉卡什·奈尔 Prakash Nair 著　　　林文静 译

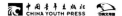

中国青年出版社　CHINA YOUTH PRESS　中国文库版

图书在版编目(CIP)数据

重新设计一所好学校：简单、合理、多样化地解构和重塑现有学习空间和学校环境 /（美）普拉卡什·奈尔著；林文静译.
—北京：中国青年出版社，2019. 8
书名原文：Blueprint for Tomorrow: Redesigning Schools for Student-Centered Learning
ISBN 978-7-5153-5612-9

Ⅰ.①重… Ⅱ.①普… ②林… Ⅲ.①学校管理—研究 Ⅳ.①G47

中国版本图书馆CIP数据核字（2019）第099186号

重新设计一所好学校：
简单、合理、多样化地解构和重塑现有学习空间和学校环境

作　　者	［美］普拉卡什·奈尔
译　　者	林文静
责任编辑	周　红
美术编辑	杜雨萃
出　　版	中国青年出版社
发　　行	北京中青文文化传媒有限公司
电　　话	010-65511272/65516873
公司网址	www.cyb.com.cn
购书网址	zqwts.tmall.com
印　　刷	大厂回族自治县益利印刷有限公司
版　　次	2019年8月第1版
印　　次	2024年3月第6次印刷
开　　本	787mm×1092mm　1/16
字　　数	139千字
印　　张	15
京权图字	01-2018-6911
书　　号	ISBN 978-7-5153-5612-9
定　　价	49.00元

写在前面

从2010年开始，北京十一学校启动了以选课走班为特征的育人模式探索。令我们没有想到的是，改革不仅在课程、教学和教学组织形式方面给我们以巨大挑战，而且在学习空间、学校的建筑设计方面，迫切需要与之相适应的解决方案。

在那段改革推进如火如荼的时间里，我们不仅全力构建全新的课程体系、变革教学方式，同时也在物理空间上"动刀动枪"——拆掉讲台，改造学科教室，增加休闲空间，甚至把食堂也改造成为学习中心，使之成为"顺便吃饭的地方"。当然，我们也在睁大眼睛在全球范围内去努力发现学习空间设计的专业人士。2018年，正当我们为设计几所新学校而踌躇的时候，美国著名的建筑设计公司——菲尔丁·奈尔国际进入我们的视野。

我们可以用眼前一亮、耳目一新、为之一振来形容我们发现这本书的时候的真切感受。尤其是他们对学习社区的诠释，把建筑与教育教学融为一体的理念，都让我们长期在校园里的人为之感动。一直以来，学校设计师与办学管理者几乎从未谋面，由于没有哪一个设计师会有机会倾听使用者的建议，于是也造成了我们学校管理者越来越没有建议，以至于大部分学校建筑成为今天这样一幅面目僵化、表情呆滞的样子，它们看上去没有任何生命气息，与师生保持着很大的心理距离，似乎从来也不可能参与到教育教学之中。

很高兴，作者在这本书里，也包括马上即将出版的系列丛书里，彻底打破了这样的僵局。他们提出的学习社区应该适合20种以上学习方式的观点和成功的设计，完全让老师们为之拍案。一家建筑设计公司，从一开始就思考着为这所学校的每一位学生提供如此贴心的帮助，而且这种帮助完全可以说引领着国际教育改革潮流，这是特别令人敬重的。

需要说明的是，这本书并非仅仅为了那些新建学校，对于旧校改造更是现实的需要。我在美国的友好学校里，便看到了他们改造后的局部的学习社区，无需多少投资便让学校充满了灵动和活力，甚至有焕然一新的感觉。所以，我想说，每一所学校都可以从这本书中受到启迪。

我很愿意向同行们推荐这本书。

李希贵

（中国教育学会副会长、北京十一学校校长）

2019年7月9日

目 录
CONTENTS

第四章 ——————————————————— 113

一体化学习区域——实验室、工作室以及DIY空间

第八章 ──────────────────── 185

从餐厅到咖啡屋──庆祝社区活动

结　论 ──────────────────── 203

知行合一──学校应该从何处着手

■■
INTRODUCTION　引　言

两万亿美元的错误

——传统校园为何让我们的孩子如此失望

美国政府净拨款两万多亿美元专门用于学校设施建设，这是全国最大的单项教育投资。由于校龄和缺少充分的维修，如今这项投资中很大一部分资金存在风险。全国大多数地区的学校平均年龄在30~50年之间。就美国而言，不断增长的日常维修费用，总计达数亿美元，而花费最多的地方是每年投入120亿美元用于学校现代化，增添或修建新学校。全国各社区为了让学校运转起来都争先寻求资金援助。其中筹集到的资金有一部分可以用来重新设计教室和学校，使之融入以学生为中心的学习理念。

若以达到以学生为中心的学习这一目标评估传统教学楼，评估的结果是传统教学楼与这一目标相去甚远。这不足为奇，因为传统教学楼的设计并没有促进教与学的现代化。事实上，传统教学楼阻碍了真正的21世纪教育的开展。本书将展示设计良好的教学楼是如何促进教学法改变的，并为教育工作者提供实用、性价比高的策略来转变教学楼的功能，进而转变教育本身。

　　教育工作者的意图与他们所处的学习环境的条件，这两者之间的断裂对学校和学区而言是一个真正的问题，因为现有的基础设施几乎总代表学校的最大投资。不仅如此，学区也得在财政上做出巨大的承诺来维持与学习目标有所冲突的学校。讽刺的是，一个学区在一所老学校投入的资金越多，无形中越是把这些投资转变成传统教育模型。本书帮助学校和学区领导将基础设施投资与学生在21世纪成功的基本学习目标有机结合起来，消除基础设施的花销与学习上的费用两者之间错误的二元对立。

　　那么，关于美国教育，我们的教学楼告诉了我们什么？

　　大多数教学楼被设计为"教室与铃声"这样的结构。学生待在教室里直至铃声响起，然后移步到另一个教室。这样的模型普遍存在了一百多年，但在工业革命高峰期，随着泰勒主义的诞生而盛行。泰勒主义是以工业工程师弗雷德里克·泰勒命名，意即通过大规模的流水线生产来提升效率。泰勒主义把娴熟的技艺切割成零散的活计，目的在于把流水线上每个员工的技术水平要求和学习时间减少到最低。每个工人的任务都是固定的，完成的结果也是固定的，工人重复固定的任务，然后让产品进入下一个固定的程序；之后基于"按件计酬"的体系发放工人的工资。直观地说，学校的体系大多数通过学生所在的教学楼体现，这些教学楼的设计跟工厂类似，在没有学生参与的情况下预先设定固定的任务与结果。这样的教育模型，若是培养学生到制造业经济中工作很奏效。与工厂等同的学校，教学楼的设计主要用于教师为中心的教育模型，在这样的教学楼里，老师讲课、一群学生被动听课而开展课程。

把教学楼想象成硬件，而教育作为软件在这样的硬件中运转。跟任何一种硬件一样，能够运转什么样的软件，在这一方面每座教学楼都有所局限。我们必须问自己：是否围绕现有硬件（即教学楼）体现的局限性来设计新的软件（即教育的未来）？还是设计一个对学生最佳的21世纪教育模型，然后弄清楚应该如何设计或翻新教学楼来接纳这个模型？

从表面上看，大多数人会争论，我们如何教育孩子不应该受教学楼支配——"授课不应该通过建筑驱动"。确实，大多数督导现有学校翻新和新学校建设的教育工作者可能认为他们正在为21世纪设计学校。而本书充分展示了现实中这种执念大错特错。事实上，在过去的十年，修建或翻新的学校、正在筹划中的学校，几乎都是"教室与铃声"这样的模型——这样的设计使得学校开放当天在教育功能上就显得过时。我们现今修建或翻新的每所学校都延展了一个落后至少三十多年的教育模型。对美国而言，学校没有与时俱进是个很大的问题。

我们坐守几万亿美元的过时硬件，然后每天还有意地增添这样的硬件，倘若情况如此显而易见，那么为何不开始更新我们的硬件，从而让它运行我们想要的软件呢？这是一个经典的"先有鸡还是先有蛋"的问题。我们被困在这样的恶性循环中，即过时的教学楼维持着过时的教育模型，过时的教育模型反过来又大量产生额外的过时教学楼。

如果单纯基于教学楼评判美国教育的质量，不难想象大卫·沃里克设定的最糟糕情境："最糟糕的情境是从现在开始到十年之后，我们仍在培养完全是为20世纪50年代准备的小孩。"

关于教育的两种观点

事实上，关于教育普遍存在两个观点，即以教师为中心的学习和以学生为中心的学习，这两个观点并存了一百多年。每种教育途径提倡不同的学校设计。

以教师为中心的学习

这是在全国践行的主要教育方法。纵观公共教育史，学校主要采用以教师为中心的学习这一教育模型。这个模型设想教师必须不

图1　以教师为中心的学习

断指导学生才能让他们更有效地学习。这样的教育理念认为学校的主要目的在于把预先设定好的材料——大部分是课本上的知识——教给学生。学生知道的材料越多，他们受到的教育越多。而且需要经常测试学生来考核他们学会了多少基于课本的材料。学生开始上学时所知不多，他们如同等待填充的空容器。所以大家希望实行以教师为中心这一教育模型的学校，在教育结束时能够成功地给学生填满信息、知识和技能。在这个模型之下，老师的职责是确保所有学生，不管他们各自能力如何，都能获取同样关键和基本的知识。证据表明这是很难做到的——尤其在学生能力和资质非常多样化的班级。一个成人不断地督导20到30个学生，与此同时确保每个人都受到个性化的教育，这几乎不可能实现。

以学生为中心的学习

　　以学生为中心的学习是一种让学生积极参与学习的教育哲学。

图2　以学生为中心的学习

在这个样式之下，学校的每名学生都是劳动者，而老师是引导者。"以学生为中心的学习"这一词条被视为涵盖性术语，包含了大家熟知的教学实践，譬如基于项目的学习、个性化学习以及社会情绪学习。以学生为中心的学习允许学生在学习上自我引导，将他们的个人潜能最大化，并且在这种应用型学习的具体场景中学会发展应用理论知识解决现实问题。

这样的学习方式并非刚出炉的新想法。实际上，这是19世纪末美国进步教育运动的一项创新，即把"以学生为中心的学习"这一理念引进学校。杰出的教育理论家，如约翰·杜威、让·皮亚杰、列夫·维果斯基以及玛利亚·蒙台梭利对于贯穿整个20世纪的教育运动有巨大的影响。

教育运动形势在过去二十年高涨有两个原因。第一个原因是在研究的支持下，大家越来越意识到在21世纪以知识和能力获取成功与在20世纪的情况大不相同。哈佛经济学家克劳迪娅·戈尔丁和劳伦斯·卡茨在他们2008年的《教育与科技的竞赛》这本书里讨论了教育为何没能跟上当今劳动力市场以科技驱动的技术需求。他们也指出大学毕业生之间不断扩大的收入和成就差距，原因在于在当今经济形势下对于找到好工作所需的更高层次的思维技能，毕业时只有一些学生学会了。

其次，研究继续强化的一个论点是当学生自己积极地投入学习时他们能够学得更好。研究告诉我们，以学生为中心的学习模型能够更有效地进行深层次理解（与机械背诵相反），因为这样的模型把学习者与更广泛的经验联系起来，而不仅仅是听老师讲课。以学生为中心的学习在提供各种各样的活动方面自然有效，而其真正的价值在于能够让每个学生进行个性化学习。

本书提倡的观点是，学习是学习者、引导者、教学实践、社会氛围和学校环境之间互惠的一个过程。在一个设计良好的学校，学习和学习环境之间的互惠将年复一年地保持及推进。遗憾的是，传统学校的教学楼，无论最初开放时呈现出多么好的设计来为教育需求服务，但由于科技进步以及教学需求的改变也逐渐变得过时、不实用。

在这本书中，我会谈到"学习型教学楼"这个想法——在这样的教学楼里，机敏的、活跃的学习者在一个机敏的、活跃的社交与实体学习环境中得到支持。学习楼意味着以最前沿的方式支持学生学习的教学楼（以学习为中心的建筑物），也意味着教学楼可以被调节来满足学生和老师不断发展的需求（教学楼本身能够"学习"）。书中进一步探讨关于学习型教学楼的想法，并提供实用、可行的方案和设计思路。

学校设计简史

美国在1852年到1917年间引进义务教育。在此之前，学校几乎都是在教堂或家里开展，只有富人才能接受正式教育，而穷人则到教堂开办的学校"提升"自我。随着义务教育的引进，有效管理众多学生的需求也随之而来。

　　多数乡村社区采用的学校模型是带有一间教室的校舍。根据各自的经济状况，每个校舍的质量以及可以提供的设施各不相同。通常一位老师负责教一群小学生。由于空间有限，需要给多个年龄层学生分组。老师也根据学生的年龄或能力，给他们布置各项作业来保证学校的运转。学校通常早上九点开门，下午四点关门，中间有两个15分钟的休息和一个小时的午饭时间。除了教育功能，学校还以另一个方式为社区服务："校舍是成千上万乡村社区、村庄和小镇的中心和重点。通常，小镇会议和野餐也在校舍举行。"

　　从学术的角度来看，义务教育运动的目的在于培养能够识字和算数的公民，但一间教室的校舍（也许并非刻意而为）也以某种方

图3　达科他州Boxelder上城区一间教室的校舍最初建造在科罗拉多州柯林斯堡西北部三十五英里这个地方。学校建立于1905年，花费290美金；1951年关闭，移址到柯林斯堡博物馆和探索科学中心。

式教会了学生许多社交、情感和生活的技能，而从某种程度上市区的学校反而没能达到这样的效果。讽刺的是，比起之后建立并延续至今的工厂模型学校，学生在一间教室的校舍获得了更多能够在21世纪获得成功和脱颖而出的技能和能力。

义务教育运动的根源可以追溯到一百年前的普鲁士运动，意在训练底层阶级成为具有服从精神的士兵和奴隶，当然不是让他们变成学者。为了达到类似目的，而且一间教室的校舍再也不够容纳更多数量的学生，现代学校开始效仿工厂进行教学，即给每个学生配备同样的桌椅，老师在教室前方，学生面朝老师。当时福特的大规模生产理念普及了起来，所以学校也发生这样的变化就不足为奇了。就像把传送带上的小部件输送给工厂的工人，让工人整理好后销售，在起初的现代学校，学生在过道两边的各间教室里，由不同的老师教授不同的科目。在小学，这样的学习以一年而不是每天为基准，因为学生每隔一年才到教学楼的另一间教室上课。

这一趋势自从它开始出现就遭到各种运动的反对，当时教育界一些伟大的思想家，比如玛利亚·蒙台梭利，他们的想法很显然与由一排排桌椅构成的教室不相容。20世纪70年代的开放式课堂运动就是反对传送带风格的学校的运动之一。然而，工厂模型的学校被默认并持续沿用，而且全国上下继续采用这一模型，尽管很少有研究认为这一模型能够在现今或未来更好地教育孩子。

没有哪个地方比学校教学楼的设计和构建更遵循泰勒工厂模型的"效率"。在泰勒的模型之下，管理层做出所有重要的决定，工人只是被告知应该做什么、什么时候做。因为工厂的目标是生产同样的零部件，每个工人做的事情各不一样就没有意义了。教育也被看成这样的一种方式：所有的学生必须从同一位老师那里同时学到同样的知识。因为学校只需要教低层次的信息和技能，所以学生之间的个体差异不会妨碍他们接受这样的训练及学习。大家认为对工厂管用的体系用于教育同样成功，而且确实，就像弗吉尼亚·赫弗南所说，学校相当擅长提供基础训练，这样的训练对于毕业后就去工厂工作的学生而言已经足够了："工业化时代的课堂，作为未来工厂工人的培训场，被转变成教学任务、服从、等级制度以及日程安排。"

图4 澳大利亚西部佩思的坎宁谷学校，该学校的修建基于开放型设计蓝图。学校设计不是一个大型、开放的空间，所以与20世纪70年代失败的开放式课堂不一样。学校的设计为各种活动创造了不同的区域，同时为不同小组的学生和交叉学科的建设保留了开放式计划的灵活性。

关于教育学生的最好方式（以教师为中心与以学生为中心的对比）的争论在教育社区风行，但这并没有引起相应的运动来改变教学楼的设计。这并不是说所有学校的设计没有新意——但美国所有学校当中呈现出新意的却少于百分之一。有很短一段时间，基于工厂模型的学校其主导地位受到挑战，到了20世纪70年代中期，才开始认真地尝试将学校设计与学生为中心的教学方法联系起来。这次运动带来了广为人知的开放式学校这样的创举，然而只是昙花一现，以声名狼藉而告终。对开放式课堂运动的回顾可以帮我们理解这次运动如何阻碍随后的将学校设计、更新到现有标准的努力。

开放式课堂的学校

开放式课堂运动的影响以及运动失败之谜，使得教学楼这一领域的进步延缓了大约三十五年。开放式课堂的学校（有时称之为没有围墙的学校）起源于英国，于20世纪60年代引入美国。开放式课堂基于这样的理念，即学生如果不被盒子似的教室限制，那么他们能学得更好。这一理念意在从以老师为中心的教育模式转变成根据不同年龄阶段、以学生为中心的学习模式。实际的操作包括拆除教室墙壁，如此教师团队可以在一个大型的开放空间一起上课，而总数达二百名的学生，根据他们的兴趣和能力被分成人数各异的小组，一起到这一空间学习。开放式课堂的学校在20世纪70年代中期很受欢迎。

在实践过程中，大多数开放式课堂的学校没能履行它们的承诺，主要原因有两个。最明显的原因是教师没有践行这样的学校所体现的理念，教师还是用桌椅、屏风等把教室隔开，所以还是等同于传统的教室。开放式课堂的学校被摒弃的第二个原因是它们陷入公众对于20世纪60年代的实验主义文化的强烈抵制之中。本来设计成开放式课堂的学校又重新修了围墙，开放式课堂学校运动在20世纪70年代末之前就完全失败了。

大家不太了解的开放式课堂学校失败的第三个原因，也可能是它们销声匿迹最显著的原因。第三个原因与开放式课堂学校的设计有关。很少有人理解这样的学校设计存在一些根本上的缺陷。即使是在最好的境况下，把一百到两百名小孩放在一个大型、开放的区域等同于一个极其冒险的提议。没有静音区和恢复区，也没给小组学习和重点学习设计封闭型空间，没有精挑细选的家具，也没有不同活动区应有的音响效果，如此开放式课堂的设计几乎注定失败。回头看看这些学校的实际设计，上述这些元素显然都没有到位，因此开放式课堂的学校被认为只是风靡一时也不足为奇了。

尽管最后失败了，现今做学校设计的决定时，开放式课堂的学校还保留着与之不相称的影响。整个运动主要沿袭下来的是一个怪圈，即改变任何基于教室的传统教育模型意味着重蹈失败的开放式课堂的覆辙。

这个怪圈造成的破坏是它有碍于设计一个取代现有的"教室与铃声"模型、以学生为中心的有效模型。尽管以学生为中心的学习始于与开放式课堂一样的前提，即每个学生都是独特的，值得个性化教育，但当前在建筑设计方面对这一前提的回应显然必须与失败的开放式课堂大不相同。

现今，重新设计学校的一个新的必要性是科技对教育的影响日益增强。科技让职场发生了戏剧性的变化，学习环境中也会发生类似的变化，但是失败的开放式课堂运动遗留下来的死板的设计阻碍了这样的变化。那么，学校和学区如何重新开启关于学校设计的讨论，使得学校设计脱离过时的工厂模型、转变成更加开放式的模型？重新设计应该如何进展才不会遭到反对开放式课堂人士的阻挠？

首先，任何想引领改变的学校领导应当熟知开放式课堂运动，这一点很重要。领导需要理解开放式课堂产生的缘故以及运动失败的历史与政治背景。关于开放式课堂的评价写得最好的是拉里·库班，他对整个话题的评价呈现了一个完整且公允的视角。

坦率地说，我们国家现在有价值2万多亿美元功能失调的教学楼不适合教育21世纪的孩子。这本书将提供非常具体的策略让这样的功能失调得以反转，如此我们现有的学校设施能够在未来的许多年里得以维持并且实用。

为教育而设计

学校教学楼的设计需要从第一层开始就符合四项基本设计原则（见工具栏"学校设计的四项原则"）。教学楼应该令人觉得宾至如归，有多种用途，支持各种学习活动，以及传递关于活动和行为的积极信息。这样的做法与现在多数学校的设计大相径庭，即多数学校的设计重在功能而不是质量。这意味着对学校设计的评估是根据各个空间是否满足它们被指定的功能而不考虑其他因素。例如，教室如果能够容纳一定数量的学生就被认为是好的，餐厅如果在规定的时间内让一定数量的学生能够流动起来就是成功的，实验室如果有上课需要的设备就是有效的，等等。我提及的设计原则超越基本功能性并触及教学楼质量的根本问题，即教学楼是否满足人类基本的需求，诸如尊严、社会福祉以及情感的发展。当然，通过满足这些需求，我们也创造了一个学生可以在其中接受教育并茁壮成长的氛围。

设计原则应该支持的六个教育策略

这一章节指出的四项设计原则支持以下六个教育策略：以学生为中心的学习；教师合作；积极的校园氛围；科技集成；灵活的日程安排；以及与环境、社区和全球网络的联结。

以学生为中心的学习

以学生为中心的学习的主要目的（前面讨论过）是让学习对每个学生而言变得更加个性化。它也意在鼓励学生能够更加自我引导，提升他们的社交和情感的发展，同时为获取21世纪需要的技能和能力构建基础。从教学的角度来看，教学将与以老师为中心的模式有显著不同，老师将成为学习的向导和支持者，而不是学习的负责人和所有知识的散播者。

教师合作

传统学校建筑把老师限制在各自像"装鸡蛋的条板箱"的教室，因此加剧了老师之间的隔离。这样的教学环境不仅难以进行团队教学，而且也限制了构建社交关系的机会。一个合作的教学环境能让

学校设计的四项原则

任何成功的学校设计都有必要遵循以下四个标准：

■ 宾至如归（安全、滋养人、鼓励大家成为好公民）：学生在学校的行为举止与教学楼传递的隐含信息有很大关系。设计师在设置环境方面有很大影响，使得环境令人觉得宾至如归。

■ 多功能性（灵巧的、个性化的）：我在整本书中都会提及一所学校的教学楼应该是灵巧的，比仅仅创造灵活的空间还来得更复杂些。个性化是指提供的环境满足不同学生的需求和学习风格。

■ 支持各种具体的学习活动（多个学习场景）：设计学校的一些区域来提升一系列学习活动，比如，公共学习空间。其他区域应该通过恰当的设计来支持具体的活动，比如，黑匣子剧场。

■ 传递积极的信息（关于身份和行为）：创建积极的校园氛围的重要性再怎么强调也不为过。一所学校设施的设计将对创建积极的校园氛围产生很大的影响。

老师们避免筋疲力尽，提升教学实践，并共同承担职责。就像传统蛋箱式的建筑形成隔离，空间也可以设计成支持老师进行专业学习的社区。老师和学生都受益于教师合作。根据2011年斯坦福的一项研究，老师合作越多，学生做得越好。这项研究的结论是老师有更多的机会与同行进一步合作，此时构建的"社交资本"比由外面的专家提供的职业发展，即"人力资本"更有效。再者，教师合作允许学校提供更多的交叉学科项目、团队教学和区段排课——所有这些都支持21世纪教育目标。

积极的校园氛围

学校正试着通过多种方式提升校园氛围。学校成立了若干机构来提升校园氛围，因为大家日渐意识到学生对学校的感觉直接影响了他们在学校的表现。国家校园氛围中心是一个提升积极校园氛围的机构，该机构把积极的学校氛围定义为"一个安全的、给予支持的环境，在这样的环境里培养社交、情感、道德以及学术方面的技能。"

现有学校已经将积极的校园氛围与社交情绪学习项目联系起来。这一类型的学习涉及教学、发展以及技能训练、情感表达、解决冲突与做出负责任的决定。社交情绪学习项目的前提是，为了让学生变成合作型的学习者，他们必须首先学会如何沟通和一起有效地学习。杜拉克和同事们的一个荟萃分析表明，情绪学习项目给学生带来诸多益处。项目提升了学生对待彼此和老师的行为，提升了学生对自己和学校的态度，并减少情感上的压力和压抑感。通过提升社交技能以及辨别和掌控情绪的能力，学生在学习上取得了更大的成就。

这本书将论证教学楼设计在创建积极的校园氛围方面作用非常显著。比如，通过创建实体学习社区，在这样的社区里，学生和老师以小组为单位分享一个共同的空间或社区，这样的操作可以打破毫无特色的大型教学楼的窠臼。在学习社区，大人都知道学生的名字，学生也彼此认识。在这一体系下，校园凌霸和其他反社会行为减少了，同时也创造了提升学术成果的条件。学校设计创建积极校园氛围的其他方式包括妥当地设计洗手间及安排洗手间的位置，将入口设计得温馨可人，创造更多社交互动的区域，更容易获取食物和饮料，方便接触社交空间，以及提供更多的空间展示学生的作业。

科技集成

没有哪个领域比科技这一竞技场更明显地体现"破坏性创新"的影响。诸如Tower唱片店、柯达相机、宝丽来相机以及百视达影音租售连锁店这些公司，新科技使得他们的产品和服务变得过时而无法维持经营。信息，作为学校的重要内容，如今触碰一个按钮或点击一次鼠标就能够免费地获取，所以学校无法抵制这样的敦促，即改造自己，进而服务现今的孩子和教育需求。

大家几乎一致赞同，在当今世界，想要成功，甚至仅仅是生存，数字文化必不可少。数字文化是一个涵盖了系列技能的重要词条，包括使用各种受欢迎的软件产品做文字处理、分析表、展示、相片和视频编辑、桌面排版等等。它也包括网上调研、线上微博和创立并参加论坛、网络游戏（有一些游戏有显著的教育价值）、推特、编程。懂得数字文化的学生也能够与特殊兴趣小组联系起来，兴趣小组分散在世界各地，组员通过在线课程来提升对具体领域的兴趣与激情，开启线上生意进行产品的买卖与服务。最具代表性的由科技提供的激动人心的学习机会，也许是制造者运动，它给崭露头角的设计师提供所需工具来实现他们的创意视角，让他们使用开放资源的电子平台，如阿杜伊诺开发板、激光切割以及3D打印机，而且这些工具每天都在降价。加里·斯塔格和西尔维娅·勒博·马丁内斯在他们的著作《通过发明来学习》中认为："'制造者运动'与孩子们的自然天性以及通过实践来学习的作用不谋而合。"

学校教学楼，由于其落后的计算机实验室，严格限制接触网络，有限的移动电脑设备以及课堂上不怎么使用科技这些缘故，显然在科技集成方面远远落后于时代（以及学生的期待）。

灵活的时间安排

学校教学日的安排表明：学习目标和教育投入明显脱节。把教学日分成几个四十五分钟的课堂对于教授课程及涵盖材料而言是有效的，但对于真正的学习，即通过学生的参与以及深层次的理解来衡量，则效果不大。一般学校的日常安排也对老师之间的合作、开展交叉学科建设的机会以及基于项目的学习产生不利的影响。但日程安排和学校设计有什么关系呢？这本书将说明实体学习社区的创建能够提供宽泛的日程安排选择，比如配置可调整的学习空间来满足各个小组的需求，而传统的教学楼一般无法给老师和学生提供这些选择。一个学习社区超越了单一的教室及教室组合；社区可以容纳多达150名学生、6到8位老师这样的一个大群体开展学习，在这样的社区里"每个人都知道你的名字"。大型的学校如同机构般没有人情味，而学习社区则消除了这样的平淡无趣。

与环境、社区和全球网络的联结

学校与环境、社区和全球网络的关联，对21世纪的教育来说即使并不是最关键的要素，但也至关重要。

与环境的关联。证据表明，学生在拥有更多阳光、新鲜空气和自然景观的学校表现得更好。知名环境教育工作者大卫·W. 奥尔讨论了可持续发展及其在学校设计方面的重要性。他建议学校想办法"支持对环境较少破坏、低二氧化碳排放、减少有毒物质的使用等等更好的选择，并能够提升能源效率以及使用太阳能、建构可持续发展的地区经济、减少长期的花销，为其他机构树立榜样。"再者，他补充说："这些研究的结果应该编入课程，开展交叉学科课程、研讨会、讲座或研究。"

与社区的联结。传统学校的问题之一是与社区相当隔离。然而，现在已经不是单纯建设社区学校的时代了。其实社区学校也是传统型学校，只是学生放学之后允许社区使用学校的部分资源。现今，学校需要作为社区学习中心，此处的"学习"是一个关键词。如我在早期发表的文章中描述的，"在这一途径中社区的作用不仅仅是放学后使用教学楼这样的功能。相反,社区居民和学校机构成为教育的积极搭档。学校为社区的利益服务,社区也帮助学校。学校在这一体系中被重新定义为学习中心,其教学法就像双向街道,使得资源在学习中心和社区之间来回传递。"

与全球网络的关联。传统学校的教育模型受时空限制,并且受官僚等级的影响。这个模型认定的是从上往下单向传递信息和知识——在学校,这意味着由老师传递信息和知识给学生。然而,在全世界及学校外面,这个模型已经让步给互联网的学习模式。在这个网络模式下,人们与信息、资源及人脉联结起来。这里,老师也可能成为学习者,学习者可以是老师。显然传统教学楼偏爱的通过讲课传递信息的方式,完全是设计给官僚等级模式的教学使用的。因此,传统教学楼的结构有碍于实现21世纪教育所需要的并受欢迎的网络教育模式。

什么是学习型教学楼

温斯顿·丘吉尔曾经说过:"我们塑造建筑物;之后建筑物塑造我们。"他的这句话反映了一个普遍真理,即建筑物从一开始就代表了设计师和建造者的愿望与志向,但随着时间的流逝,它们塑造了居住者的态度和志向。我们的老师和学生身处的教学楼最能体现这个真理。绝大多数的教学楼显露了一个潜在的哲学,即泰勒工业模式的高效率对工人及学生皆可行。在这个模式下,学习可以被定义、量化、控制以及大批量生产,所以学校的设计若与这样的情形相符,

资金问题

令人吃惊的是，比起传统学校，修建及运行21世纪学校的花销几乎总是少得多。有一系列的原因可以解释，但这里只列出几个：

■　21世纪学校的设备效率更高，通过减少流通和设备的专用空间来充分使用修建的区域进行教学。这样的方式可以腾出多于15%的空间供教育使用。反过来，新的和翻新的设备可以设法达到比原先可能需要的少15%的空间。

■　带着适应性的观念，21世纪学校的修建用了许多轻重量（但耐用的）内部墙，这样的墙比传统学校使用的沉重石墙在修建、挪动和移除方面都比较便宜。

■　我从事学校设计已逾二十五年了，从个人的经历看，21世纪的学校由于故意破坏而被损坏的可能性不太大，因为学生对学校有了更强烈的自主感。这减少了不间断的维修费用。

■　移动科技的增加意味着整栋楼不需要安装太多电线。这个优点在许多老的教学楼尤其显著，因为这些学校还有很多的石棉。

■　与社区机构和其他政府部门签署共同使用的协议，这样21世纪学校可以淘汰一些公共用地或者用另外的经费来源创建公共用地。这样的结果是减少学校和学区原定预算的大量花销。

■　绿色科技的融入可以减少能源消耗并减少水的使用——结果是降低年度维修的费用。

那么就属于泰勒工业模型。

丘吉尔名言的后半部分表明，建筑的居住者会逐步显现建筑物的特征，这一点很容易由建筑物证实。没人会质疑现今接受的教育与五十甚至一百年前的是否一样，那时工业是驱动美国经济发展的引擎。这样的观察令人困扰，因为世界的其他领域都在向前，而教育还陷于过去。然而，在教育方面不能与时俱进更令人困扰，因为这个事业，就其本质而言，关乎未来。毕竟，教育的目的是以技术武装学生，以及培养他们适应并在与当今世界大相径庭的未来世界取得成功的能力。

对于这个运转不灵的教学楼模型，我们的第一反应是更新教学楼设计，让设计反映当今对教育的理解以及当前对学校的期望。这样就能解决问题么？并且可以帮助我们创建让学生更好地为未来的生活与事业做准备的学校么？答案既是肯定的又是否定的。没错，与当今大多数学生就学的工业模式的学校相比，根据现今的需求设计而成的学校会成为更好的场所，从而让学生为未来做准备。然而，考虑到资金资源时常短缺（见工具栏的"资金问题"），那么不管我们现今修建或翻新什么都得等几十年才能实现。这意味着，不管我们当前如何深思熟虑地设计学校，现有的传统学校在未来的许多年还将继续影响教学实践。就此而言，我们当前的教育模式如同所有物品一样都有一个限制使用期，它将以不太理想的方式继续塑造未来的几代人，而我们只是延续这个问题而已。

如何解决这个问题？首先，学校不能呈现丘吉尔所观察的特点。

丘吉尔对建筑物所做的评价，是因为当时一旦建筑物修建完毕，将保留很长时间不作变动。因此，如果建筑物不可改变，那么显然会继续影响在楼里生活或工作的几代人。我们的学校不应该如此一成不变。我们不想让当今的建筑师告诉未来的老师和学生应该如何生活和学习。

跳出丘吉尔式的观察，我们想让建筑物不仅体现设计师的想法，而且也对居住者有所回应。换言之，我们需要从静止而死板的建筑物转变为灵活的学习型建筑物。这本书的中心论点是一个设计好的教学楼将日新月异。这些改变将直接体现老师和学生塑造学习环境来适应学习活动的需求。这个想法的简易版已经在许多学校践行，比如令人生畏的"兼作礼堂和自助食堂的大厅"或"兼作体操房和自助食堂的大厅"，即可做不同用途的空间。问题是一个兼作礼堂和自助食堂的大厅试图完成两件不相干的事，结果两件都没完成好。

灵巧高于机动

大厅兼用的例子展示了机动不总是好事。建筑师的意图是在一些通用的空间里只需搬动家具便可以开展不同的活动，但这在实践中不可行。一个空间需要许多品质来开展某一项活动。这些品质包括自然光、自然通风、与户外的联结、空间的大小与形状、天花板的高度、安放的家具、是否便于使用移动科技、声响效果以及内部装潢的材料与颜色。设计师设计一座灵巧的教学楼让使用者体验丰富的学习经历，但这需要合适的空间以及适当的氛围来开展手头上的学习活动，然而一座机动的教学楼仅仅关注空间的多种用途。

智能环保型教学楼

　　一座学习型教学楼不仅灵巧，而且智能。智能在此指的是教学楼回应环境状况及对使用者的促进因素。这里有一些例子告诉我们一座智能型的教学楼是什么样的，譬如，可以根据需要开关灯，最大程度上利用日光并减少强光，新鲜空气优先于空调，减少能源使用并让使用者清楚消耗模式，收集并保存雨水，可饮用水的再次利用。一座教学楼也可以通过一些静态的方式变得智能——通过适当的方向最大程度利用日光，有策略地种植树木使得夏天有树荫、冬天获得更多日照，还有通过静态的太阳能烧热水。其他静态措施包括对屋顶的改造，比如减少能源成本的绿色屋顶，无水小便池，用水不多的园艺。此外，教学楼尽可能地展现教学体系，这样学生能够理解教学楼的各个部分如何整合、运作。

聪明伶俐的小孩

　　我坚信智能、灵巧的教学楼能够创造出聪明伶俐的小孩。研究表明，比起大多数孩子就读的不良环境条件的学校，环保智能型教学楼——譬如，好的空气质量及采光、舒适的温度、好的音响——将更好地引导学生学习。然而，聪明不仅仅意味着知道更多。它还包括成为一名负责任的好公民。把环境打理得好的教学楼更能鼓励学生睿智利用稀有资源。接下来是灵巧的问题。比起设计呆板的教学楼，一座灵巧的建筑物允许老师和学生设计并实践多样化的教学经历。一座灵巧的教学楼鼓励学生更加自主地学习，同学之间相互合作，学习者养成好的学习习惯，让自己变得灵巧，从而更好地准备迎接不断变化的世界带来的挑战。

关于本书

这本书的想法适用于新建学校与翻新改建的学校。不过，由于世界上大多数学生都在传统教学楼上学，这本书侧重于利用现有的资金改造空间，而不是强调未来学校的创新美景——在财政紧缩时期这样的景观可能显得乌托邦，而且难以实现。

这本书按空间——如教室、实验室以及图书馆——编排章节，并以逐步进展的方式提供选择，同时也展示了一座学习型教学楼的各个部分如何融合在一起。这里展示的想法来自我在美国及世界其他各地与各个公司和私立学校合作的经历。书中的讨论意在面向来自各个不同学校的读者的需求，我们都知道各个学校的环境、资源及学生需求都十分迥异。

我在书中适当的地方都重复强调了要点。"之前和之后"的对比照片展示新的想法如何付诸实施。"聪明的想法"工具栏突出有效的创意，"现在就动手吧"工具栏描述了相对容易的改变，即教育工作者立马可以在他们的学校做出的尝试。

第一章"'解读'教学楼"探讨了视觉线索可以转变成学生在过道、教室以及公共活动区接收到的信息，诸如声响、采光、门、桌椅放置、墙壁装饰、可供学习的材料等元素。这一章包含了一个关于照明的工具栏以及一个关于软席的插图。

第二章讲述了学校入口的重要性，以及如何把入口处设计得宾至如归。章节内容包括一个用以评估你所在学校入口的清单，以及关于标志性元素的"聪明的想法"。

第三章"发掘更多的学习空间"讨论如何重新设计教室和过道来创造学习社区，并且使得浪费大量空间的过道可以用于教学。这一章节列出二十项需要教学楼支持的基本学习方式，以及一个关于隔断的"聪明的想法"。

第四章讨论实验室、专业领域工作室以及自己动手实践的空间，同时介绍一些关于学校社区大家不太熟悉的词条。章节描述了综合学习区如达芬奇工作室、浓缩咖啡工作室、吉米·奥利弗工作室。这一章节也包括了一个关于大地穴[①]的"聪明的想法"工具栏，这是关于学校空间的另一个创意。

第五章"设计利于协作的空间"讨论了学校的设计应该如何支持老师。章节包含了一个"聪明的想法"工具栏，描述如何为老师创造一个低成本的重要空间。

第六章谈及学校图书馆不断变化的样子，以及如何让图书馆变成一个有效的空间，在当今的科技世界里把人与想法聚集起来。一个"聪明的想法"工具栏描述了学校可以马上改变他们过时的图书馆，让图书馆更符合当今的需求。

[①] 大地穴，美国西部等地印第安人用作会堂的一种建筑。

之前和之后：关于教育的两种观点

图5　之前：盖恩斯维尔地区佛罗里达大学的 P. K. 扬发展研究学校中以老师为中心的教室

图6　之后：2012年秋季竣工的新的 P.K. 扬学校，以学生为中心的学习公共区

图7　之前：夏季翻修前作为临时高中的布鲁塞尔国际学校内的过道

图8　之后：把同一区域设计成学习社区，这一公共活动区现在得以开展之前不可能实现的多种形式的学习

第七章"走出教室"关注的是户外学习。章节审视了诸如接触大自然、游戏、学习平台以及在市区场地创造绿色区域等元素。

第八章描述了如何把学校餐厅改造成以社区为中心的咖啡馆，章节提供了一个案例研究以及一个描述菜园的插图。

这本书的结论，"知行合一"提供了学校可以开始改变现有设施的方法。章节提供了具体的案例研究，也展示了本书讨论的设计原则和策略是可以实施的。

本书末尾的附录A和B提供了对两类学校评估的检查清单，一个是对小学学校设施的评估，另一个是对中学学校设施的评估。评估工具同时结合了罗琳·麦克斯韦的"教室评估量表"以及菲尔丁·奈尔国际的"教育设施有效性工具"。

个人的注释

我觉得自己特别适合写这本书，因为作为一名建筑师负责创建21世纪传统型和创新型学校，我实际上"为通道两边提供服务"。从1989到1999年十年期间，我作为负责人监管纽约市学校建筑项目的进度。在作为项目主管期间，我参加了价值将近100亿美元项目的设计和修建，包括修建100多所新学校和完成600多所学校的翻新。这些项目我都亲力亲为，可以很确定地说我在纽约市任职期间的这些修建或翻新项目没有一个符合21世纪学校的定义。

大量赞助金的融入成功地将纽约市的学校修缮妥当，同时也满足了学校设施的基本要求，即保证学生安全、暖和、不被风吹雨打。

然而，除此之外，教育在这个城市开展的方式没有什么根本的改变。教学楼没有匹配新方式进行教学，而且也不能作为真正教育改革的催化剂。新建和翻新的教学楼只是延伸了我们现在所知的功能失调的"教室与铃声"教育模式。可悲的是，这些学校一旦修建完毕就会维持五十余年之久，纽约市如此大规模新建和翻新的教学楼将在未来的几十年都不利于城市开展真正的21世纪教育。

完成该政府项目后，我休了一年假，不从事建筑业，而是去一家国有科技公司上班，为美国各地学校协调安装一对一电脑项目（即每位学生都有一台电脑）。在此期间，我遇见许多有创意的教育工作者，他们正使用学校引进的科技，并以此作为催化剂迈向一个更加以学生为中心的教学模式。尽管这些教育工作者的成功有目共睹，在我看来，他们的努力显然被他们所在的工厂模式教学楼严重消抵了。

我于2001年回到教育建筑的领域，作为一名独立从业者，意在把我从教育领域的同事那里学到的应用于建筑专业。我的目标是填补现有的教育研究和学校建筑之间的巨大鸿沟，如此教学楼可以从地面往上设计或翻新来支持而不是阻碍好的教学实践。

在我回归建筑领域的早些年，我认识了许多热切的客户，他们自己为传统教学楼客观上妨碍好的教学实践感到沮丧。2003年，我加入我的生意伙伴兰德尔·菲尔丁的团队，我们一起在过去的十年将我们的想法传达到美国各地的学校以及世界其他许多国家。到了2014年，我们的实践已经拓展到六个大陆的43个国家。我的第二事业专注于设计满足21世纪需求的创新型学校，从中我学到的是，大家都需要好的学校设计，但很少有人知道该怎么做。我也了解到，在至今仍在建造的传统学校中，我们作为创新型建筑师的实践所带来的影响只是沧海一粟。从我个人的经历分析，我估计全球正在修建或翻新的教学楼当中有多于99%还是属于传统的、20世纪的设施。因此，把讯息传递给更多的读者，让大家知道实际上有更好的方法来设计学校，这样的需求比以往更加急切。

这本书写给所有学校股东，尤其是校长和教育行政管理部门，以及广大教师，让大家理解传统教学楼与设计一个满足当今及未来的学习者需求的设施，这两者之间的不同。我也将在书中展示，相比延续过时的工厂模型学校，创建一所21世纪的学校不需要花费更多的努力、资金或时间。

这本书整体的主题是学习场所的设计如何才能反映并迎接21世纪的急剧变化——这是学习型教学楼所关注的一切。

CHAPTER ONE 第一章

"解读"教学楼
——视觉素养入门课

视觉认知指对个体所见景象的深层次理解。譬如,大多数人"看到了"教学楼,但没有真正理解它们。在我们对学校进行任何改造之前,首先必须理解建筑如何深刻影响居住者和使用者。

校舍可能是美国建筑最有象征意义的元素,然而,或许正因为如此,也成了最容易被忽略的建筑。本章将脱掉教学楼的隐形外衣,让每个人都看到教学楼的真实面貌。在这个过程中,将破译教学楼传递给使用者微妙的、显而易见的讯息。而这些讯息相当强大,对教学楼里的每个人以及楼里发生的每件事都将产生深远的影响。

好消息是学校设计的统一性产生了这样的机会,即可以综合这些设计所呈现的问题来提供解决方案。然而,就像学习一门语言的时候,很难把语言和语法分离,教育工作者也难以意识到学校环境这一"语法"与他们已知的情形存在如此大的差异。为了提升自己的认知，教育工作者需要通过新的视角看待习以为常的教学楼。

邻近学校的视觉认知之旅

跟我一起到你邻近的学校走一走吧。当你走进学校，你觉得自己受欢迎吗？入口处是否清晰地粉刷成暖色系，或是陈列庆祝学校文化或历史的标志性装饰？你一进校门有没有人跟你打招呼？有没有一个地方让来访者可以舒服地坐下，这个地方或许还提供咖啡和杂志、摆放着鲜花、可以把外套挂起来？这里展示了学生的什么习作——有没有空间展示复杂的项目？这相当于学校向来访者"自我介绍"，而所有这些元素证明了学校的骄傲。

到学生的教室参观意义重大，因为这是学生每天身处的地方。在这一旅途中有学生的讯息传递给你，许多讯息发自肺腑，比老师可能说的任何话都来得更强有力。这个空间的设计就单纯视觉上的细节而言，将直接影响孩子行为的好坏。你要寻找的就是这些视觉上的细节。陈列物孩子们可以够得着吗，还是放得太高了？走廊照明充足吗，还是黑漆漆的？——或者有没有像自然采光这样更好的光线？从外部可否清楚地看到教室内部的情况，还是教室完全被封闭起来？

当你走进一个典型的教室，看看房间是怎么布置的。教室是否设置了让孩子们分成大小组学习或独立学习的各种空间？空间能否根据不同的需求进行改变，从而易于举办（如讲座、小组活动、独立学习等）各种活动？白板的高度是否方便学生在上面写字？（这一点直接暗示给学生，教室是给他们还是给大人使用。）孩子们能否使用无线科技，还是只能使用教室后面的一台或两台电脑？教室里是否配有软座或让孩子们舒服地席地而坐的学习空间？

然后看一看教室与其他学习空间的关联（或许没有任何关联）。教室有没有跟户外学习平台联结？有没有跟隔壁教室联结，若有，两位老师是合作教学么？教室有没有利用推拉玻璃门与走廊联结，使得学生在走廊学习时老师也方便督导他们？

教育工作者和父母需要提出诸如此类的问题，如果他们想理解孩子们所处的学习环境是否满足四个设计原则，即宾至如归、多功能的、支持各种学习活动以及传递积极的行为讯息。这些品质有助

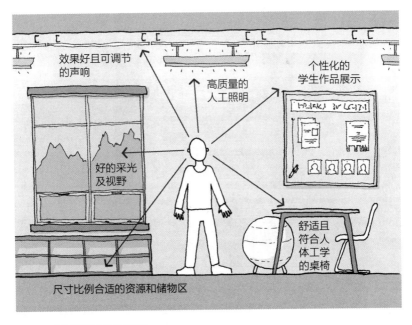

图1.1 理想学校设计的元素

于学习，而且同样重要的是有助于孩子们的身心健康与幸福。

明确教育有效性的设计元素

现在让我们更深入探究学校设计的各种元素如何影响学校教育的有效性。在新学校的设计和现有学校的翻新中都需要精心考虑并应用的设计元素可归纳成以下五类：

- 空间规划
- 科技
- 学习环境
- 内部设计
- 个性化

图1.2 这个在明尼阿波利斯的湖乡学校，学习工作室不同于典型的教室。室内装潢方便开展各种不同方式的学习。房间有充足的日照和储存空间，黑板的高度放低，因此老师和学生都可以使用。

以下将审视这五大类设计元素的组成，从关键的视觉细节开始，确认学校是否恰当地利用了各个元素。然后提供进一步的细节给希望更完整地理解某个设计元素的读者。

空间规划

空间规划包括如何规划学校实体空间的各个元素。想让学校更好运转，不仅需要足够的空间，而且要使妥当的空间规划有益于学习，这两者都很重要。空间规划包括空间的规模、多样性以及灵活性，还有非正式的学习区域。

规 模

探索与规模相关的视觉线索，可寻找学生可以开启的门，不需要大人帮忙、自己就能使用的厕所，带窗台的窗户足够低，让他们能往外看，以及他们可以自己移动、大小合适且轻便的桌椅。

规模指供不同年龄的孩子使用的不同物品。对于非常小的孩子，规模指学习环境的设计让孩子们感到方便使用、自在而且他们的需求得以满足。规模也与作为整体的学校各元素之间的平衡有关。多重翻新的老教学楼，看看学校入口——甚至有几千名学生的学校——是否太小、太狭窄。另外，如果你在一所比较新的学校，要查看教学楼是否配备了大型、壮观却很少使用的中庭。

传统教学楼的规模在许多层面上都没起作用。最显著的问题是教室的规模几乎总与使用教室的学生数量不相配。一个容纳25名学生、750平方英尺^①的教室，每名学生拥有的空间有多小，你只需走进教室看看空间规划就知道了，尤其当所有的桌椅都挤进教室，而且老师的讲台还占据了不少空间。它可以让每个人自己使用的实际空间比戒备森严的监狱分配给犯人的囚室面积还小。

学校其他区域的规模也同样令人沮丧。集中在一起的卫生间太大了，过道太窄又太长——这样的空间都会招引校园欺凌及其他反社会行为。食堂像是没有人情味的牲畜棚——又大又吵，没有什么令人嘉许的优点，除了它们可以在一段短时间内让大批的学生同时就餐。让学生可以少数几人舒适地聚在一起的社交空间，不是完全

图1.3　提供各式各样的椅子很重要。布鲁塞尔国际学校的这张图片展示了长凳、吧椅、常规的简易椅子以及软席。

① 约合69.7平方米。

没有，就是太少而且太小难以满足学校的人数需求。一旦我们的视觉认知得以磨练，对教学楼的糟糕状态便不会熟视无睹，那么这些就是我们可以开始处理的问题。

多样性和灵活性

为了更好地理解多样性和灵活性，可以到学校四处走走，看看是否设有允许多种学习活动的空间。学生和老师能够轻易改变一个空间的外观和氛围吗？在学术区域中央是否有丰富的多重空间，还是这些空间分散在学校不同的区域，大家在需要时很难用上？

一个空间提供的多重可能性对于提升真正的灵活性不可或缺。鉴于学习场所个性化的需求，以及回应学生的移动性不断增长，这样的灵活性尤其重要，因为科技的发展使得学习在"任何地方、任何时间"都能进行。各种各样的材料、教具和陈设使得学生和老师能够改变空间的样子以及使用的方式。多样性促进小孩的能力感，对年纪大一些的学生也同样有好处，因为不管年纪大小，学生都更喜欢他们可以掌控的陈设。纽卡斯尔大学和英国设计委员会得出以下评价结论：最成功的教学楼设计一般都有灵活性和适应性的元素，比如，允许课程变动、可以使用未来科技、可以迎接未来挑战的学习者和教学团队。

传统的教学楼非常简单而且易于预测。其中一个原因是它们缺少空间的多样性。如果你数一下任何一所学校有意识地为学习设置的不同空间，你会发现大部分的学习在大小一样的教室里进行，而且每间教室的学生人数都是固定的。之后是实验室，空间稍微大一些——但只是用来存放仪器。有时会留出若干房间来照顾需要特殊帮助的孩子。此外，还有许多特殊用途的房间，每个房间都设定了特定用途。这些房间包括食堂、体育馆、礼堂、音乐室、美术室，等等。将这样的情况与儿童博物馆对比，儿童博物馆展示了多样性，如设有各种空间、配有各种陈设、提供各种体验与机会、可以自然地跨年龄段学习。可悲的是，对待自然自发促进学习的设计，学校常常持反对态度。

非正式学习区域："第三空间"

心理学家把第三空间描述为家庭和工作之外的一个场所，在那里，人们交谈、饮食、阅读和学习，以及在他人的陪伴下放松身心。第三空间是开展非正式学习的地方。因此其所有学习环境允许社交与非正式交互学习，这一点是很重要的。

在学校四处走走，寻找参与非正式学习的学生。当学生相互交谈，互相帮助完成家庭作业或独立学习时，非正式学习也就产生了。这样的学习可能是在课间、休息和午饭期间，有时甚至是在正常的课堂上发生的。你可能看到学生独自一人或两人一组在过道、楼梯、树下、草坪上以及他们可以坐下的任何地方学习——这些场景都在教室这一正式环境之外。

然后问你自己，一所学校里头，在建筑师有意识地为非正式学习设计的空间里，开展了多少活动？如果针对传统教学楼提出这个问题，答案可能是"非常少"。一些较为新近设计的教学楼确实注意了教室之外非正式学习空间的需求，因此在这一方面比较成功。

图1.4 这个户外天台展示了"第三空间"的功能，即作为非正式的空间让学生得以随意地聚在一起学习。

学习环境

三个关键的环境因素对学习有直接的影响：舒适的室温与空气质量、采光，以及声响效果。对于外行人，舒适室温和空气质量的视觉线索不太明显，虽然大多数住在楼里的人直接体验室温的适宜与否。这方面的修缮与建筑工程相关，不属于本书讨论的范围。然而，在改善空气质量方面，总体上安全的做法是窗户可以打开和带进新鲜空气，这总比封闭式的窗户好。作为一个视觉认知线索，找找看有没有这样的情况：当外头天气不错，窗户却紧闭数日，或者关闭的窗户是个常态。若有这样的情况，建议老师打开窗户，让孩子们呼吸新鲜的空气。在这一章节，我将讨论两个与学习环境相关的设计元素：采光与声响。

采 光

从视觉认知的角度来看，与采光相关的一个重点是每个关键的学习区域都有充分的日照。总体而言，任何一个特定空间日照越多，学习效果就会越好。其次，在人工照明的区域，举办活动时光线应该足够明亮。最后，在多功能区域，尤其是放学后开放使用时，白天及晚上的照明都应该很好。

从学习的角度来看，学校设计的各方面当中采光和声响相当重要，然而教育工作者几乎都忽略了这两个方面。日照是学生在学校可以享受的最珍贵的光线，因此应该尽全力来增加学生活动区的日照。

在一些情形中，需要人为管理日光。这些情形包括做课件展示时，以及学习环境的日光太耀眼时。妥当且有限制性地使用窗帘能解决这个问题——但是假如老师没有了解到日照的益处，他们常常会在白天上课的大部分时间拉上窗帘，使用灯光照明。

声 响

我们很容易从视觉上评估一个空间的声响效果是否舒适。尤其是在学校，很多地方都充满声音反射表面，要寻找的最重要的证据是能够吸收声响的表面和材料，即柔软或可渗透的表面，可以吸收而不是反射声音：比如，吸音吊顶、墙壁的软木层或类似材料做成的表面、软席。

教室声响。诸如教室这样的学习环境，声响质量是重要的，因为它决定了孩子能否很好地倾听和理解大人说的话。教室墙壁的表层往往具有反射性，很少起到吸音的作用。这样的环境让教室变得吵闹，为了让大家都听见，迫使老师非常大声地说话，而且任何小组活动都难以进展，因为一组同学的交谈，旁桌的同学都能听到。

关于采光的方案

学校里大多数的人造光都来自镶嵌在天花板上的强光灯具。对学习而言最好的光线大约接近日照，这一点可以参考挑选灯具的显色指数（CRI）。对于那些晚上和白天都使用的空间，好的灯光设计包括各式固定吊灯来满足不同层次的亮度和氛围。在这些区域，从学术场景变成社区活动场景，这时灯光的变化可以改变空间的情绪和气氛。有些人在荧光灯下会感到犯困、头痛、偏头痛，以及难以集中注意力。对此最好的补救方法是确保有荧光灯的地方也有自然日照。在未来引进极其节能的LED灯之后，可能就不会出现这个问题了。与此同时，用质量更好的灯具和镇流器也能够解决上面提到的一些健康问题。

快速解决这些问题的办法包括引进更能吸音的材料。通常的做法是用软席，或在墙壁上安装Tectum声学嵌板，抑或用吸音材质将嵌板包起来。美国学校的大多数教室都安装声学板吊顶，但若没安装这些材料，对天花板的处理可能依然是重要的。在教室铺地毯也能够减少脚步移动、搬凳子，甚至坐立不安等声响的影响。因此，对于考虑修缮的地方，方便安装与更换的方块地毯也是切实可行的选择。

通过使用其他教学方法以及桌椅不同的摆放方式来减少师生之间的距离，也可显著地提升教室的声响效果。植树肯定不能在短期内就能解决问题，但教室窗外有树木是好的，不仅因为树木将孩子们与自然联系起来，而且树木也帮学校抵挡了诸如交通等外界噪音。

学习社区和声响。在联结教室和过道创造的学习社区（关于这个话题第三章会更多探讨），声响的作用就更重要了。声响不仅可以成为创造学习社区这个概念取舍的决定因素，在实践中，学习社区导致了一整套不同的操作性挑战，对于声响设计的要求具有不同的指向性。在这样的情形中，需要我们有意识地努力设计空间的声响。建议请一名声响师审查设计，做"混响"计算（确保声音质量可以被接受），然后建议做出适当的改变。

学校其他区域的声响。总体而言，学校大都采用反射性表层（因为这样的表层比较容易清洁）而不是具有吸音效果的表层。诸如食堂和体育馆这样的空间尤其如此。再说一遍，让这些空间更舒适意味着引进能够吸音的材料。可能需要在食堂安装一种不同的地板（比如软木或木质地板），这种地板比塑料地板吸音效果更好，然后引进可以挂在吊顶的声学板，或带有装饰效果的"云"。墙壁也可以用声学材料处理，室内可以放置一些容易清洗、吸音效果更好的食堂桌椅，而不是传统的硬塑和金属家具。

个性化

学生白天大部分时间都待在学校，然而学生在学校很少有地方可以称作自己的空间，也很少有他们可以独处的空间。就像办公室的成人需要自己的工作空间和隐私一样，孩子们在学校也需要个性化和独处的地方。个性化元素包括隐私、基地（home base）以及个人储存空间。

隐　私

所有人类（包括小孩）都需要隐私——远离人群、独处。然而，学校常常是最没有隐私的地方，因为孩子们的安全被认为与隐私互不相容。

不难从视觉上观察到一所学校是否给学生提供了所需的隐私。找一下学生可以独处思考的地方。这些区域若有意识地设计用于独立学习、安静读书、使用笔记本电脑或仅仅休息放松，那就更好了。记住学校学生的总数，问问自己的隐私区域是否足够给全校所有学生使用。

从设计的角度来看，学生可以在三种具体的地点享有隐私，从而成为好的学习者和好的公民。

独处的地方。可以有意识地设计若干角落，让学生可以躲进这样的地方独自学习、放松、吃饭、听音乐或阅读等等。这些地方不需要特别隐蔽，只要学生在里头可以舒适地独处、不受干扰即可。有时在学校图书馆能够找到这样的地方，但除此之外，大多数学校的其他区域都缺乏这样让学生独处的地方。另外一个学生显然需要隐私的地方是卫生间。这里的隐私是指学生不用担心自己在卫生间被欺凌。因此，卫生间规模应该小一些（三到五个小便池和小隔间就已经足够了），而且卫生间应该设在方便大人督导学生进出的地方。

与朋友私谈的地方。社交是非正式学习过程的一个重要部分。如同以上描述的个人角落，可以有意识地设计这样的地方——学生可以交谈或一起学习，不受他人干扰。这些区域也可以用于老师与那些需要额外帮助或教导的学生一对一交谈。

滋养心智和精神的地方。这些令人精神焕发的区域非常重要，通过减压、放松、反思以及小憩，帮助老师和学生消除精神疲劳带来的影响，一个休复空间允许反思并有助于创造。斯蒂芬·卡普兰是注意力休复理论的共同研发者，他列出休复空间的主要特征如下：

离开的感觉：这样的空间一定不是产生疲倦的地方。

范围：这样的地方是与众不同的，感觉是另外一个世界，里面有不同寻常的刺激物。

魅力：空间必须提供足够满足视觉需要的事物，如此心智就会远离与疲倦关联的思绪。"软魅力"与大自然直接关联，是不需要费劲就能注意到的物件。譬如，观看在风中沙沙作响的叶子。

　　和谐共处：大家在这样的空间可以顺其自然，意即本能地知道如何行动，无需费劲也不用学习如何举止。

　　理想地说，这些空间应该与大自然联结——哪怕只是面朝树木或天空的窗座。安全问题可以这么处理：在这样的空间设置玻璃墙，如此大人也能不动声色地督导。

基　地

　　理想地说，所有学生都应该有一个基地和存放个人物品的地方。小学生享有一张个人专用的书桌。学生上初中和高中之后，他们常常流动起来，除了学生储物柜，没有专门的地点可以学习或存放个人物品。在一所传统的中学，几乎所有的空间都是公共的——这种情况可能增加故意破坏事件。

　　学校需要更好地给学生提供一个基地。那些遵循指导模型的学校有时给每名学生配备个人工作站，学生大部分时间待在工作站里，如同职场上的人。指导模型或基地模型一般指一个有组织的群体，由十到十五名学生和一个指导员或老师组成，大家定期见面并一起做项目。比如，公共区域和其他活动区的旁边可以聚集几个学生个人工作站。大多数学校的资金不足以提供个人工作站，但还是能够想出有创意的解决方案，这样学生将以主人翁的姿态对待学校，而不是觉得自己是一所毫无特色的学术机构的一部分。

科技注入

从历史来看，学校是大众学习的地方，科技为每个学生提供机会来拥有更加个性化的学习体验。与科技相关的元素包括教学楼设计带来的机会和限制以及课堂之外的学习。

很少有人著书讨论学校设计对科技在学校的开展和使用的影响。以下五个问题可以帮助你调查教学楼的设计是促进还是妨碍科技作为转变型学习工具的使用。

教学楼设计是否决定科技使用的方式？ 因为没有科技使用的协

图1.5　在佛罗里达圣彼得堡肖雷斯特预备学校的这些个性化的学生小橱柜，大小易于学生挪动。这些小橱柜放置在窗台下面，这样就不会挡住阳光和妨碍看到外面的地面及操场。

作区域，你是否需要走进教室才能看到科技的使用？学校里台式电脑是否比笔记本电脑多？白板大部分是给老师讲课使用的吗？计算机实验室是学生学习如何使用科技的地方吗？学生对科技的使用基本上都在老师慎重指导下进行么？

科技如何被使用以及使用的频率如何？ 是否教学日所有科目的教学都使用科技？交叉学科的项目是否都使用科技？学生创造数字内容吗？还是只吸收数字信息？有没有高阶使用科技的证据，比如编程以及诸如形象艺术课题、出版物和电脑应用程序等工业标准的创造性产出？在什么程度上学校缺少充分或合适的空间进而阻碍了科技的拓展应用？

有没有一系列显而易见的科技？ 学生是否可以使用联网的台式电脑快速查阅资料？有没有专用区域方便学生使用电脑？学生做好准备使用电脑了吗？有没有安全的地方给笔记本电脑插电源或充电？有没有证据表明学生对视频和数码相机的使用是他们学校作业的一个必要部分？安全存放这些设备的空间是否靠近学术区域，还是学生得走到某个诸如图书馆这样的一个中心才能使用设备？学校使用的电脑是新近出产上市的吗，学生了解使用的是最新的软件吗？诸如智能手机和平板这样的移动设备用于学生做作业么？

科技也能促进课堂外的学习么？ 全校是否实现了无线网络？有没有可以充分覆盖全校的无线网络接口？还是存在一些没被覆盖的盲区？空间的设计是否让学生随时随地在需要时就能使用电脑或学校的其他科技，如同他们在校外那样方便？

一所21世纪学校的设计如何实现更好的效果？这是一个将科技使用与教学楼设计相提并论的机会。你应该问问学校设计是限制还是有助于科技的使用，表现在哪些方面。不要仅仅把科技简单地当成工具使传统教学做得更好，你应将科技（正如教学楼本身）当成一个关键的变革促进因素，把教育从以教师为中心的模型转变成以学生为中心的模型。

室内设计

室内设计包括了大多数成年人在他们日常生活的所有方面都非常在意的一切事情。不管是在家里、职场、就餐和社交的餐厅、购物的商店以及逗留的宾馆，设计意味着让这些地方适宜居住、方便使用。当然，在基本功能之外，室内设计也让所有这些地方更加令人愉悦和享受。关于好的室内设计的一点观察是它可以改善人们的健康与幸福，让人们更具有创造性。不幸的是，学校很少由好的设计受益，可能是因为好的设计被误以为对学生而言太过奢侈。实际情形并非如此。在学校里有一张舒适的椅子可以坐下，一个愉悦的环境来学习，与在工作场所相比不会显得更奢侈。下面我们将审视室内设计的若干元素：室内的布置、颜色、材料、质地、嘈杂声、气质以及美学。

室内的布置

在一所典型的学校四处走走，仔细看看整栋教学楼如何使用桌椅等设备。一个设计得好的学校将使用符合人类工程学的、舒适的精挑细选的家具去契合任何特定空间开展的学习活动。学生使用的家具应该与家里或办公室的桌椅同等标配。室内的布置是好的学校设计最重要的元素之一，而且对于创造21世纪的学习环境而言绝对关键。然而，它们也是往往最容易被忽略的。不难发现，花了1亿多美元修建学校，却只给学生配备30或50美元一把的椅子。谈及学校的硬件，也许没有什么比学生的椅子更重要。学生每天有四到六个小时坐在椅子上——通常是便宜的、硬塑料椅。再乘以一名学生在学校的天数和年数来理解这一件家具是多么的重要。学生坐的椅子很少是结合人类环境改造学设计的。遵循人类环境改造学研制而成的椅子或可移动的椅子能够提升学生的注意力。事实上，有一个称为认知工效学的领域探讨了精神活动的过程，比如感知、记忆、推理以及这些元素如何受物理环境的影响。

当然，21世纪的教学目标之一是让学生减少坐在椅子上的时间。芬兰的赫勒乌浦学校想到一个解决该问题的方案。学校椅子的总数是学生总数的50%。这意味着学生在学校的一天坐在椅子上的时间总体上不超过50%。那么，学生不能坐在椅子上时都做些什么呢？学习区域也有凳子、练习球、像扶手椅或沙发等软座、布袋，甚至包括学生站着或坐在地板上的学习空间。

必须提前准备一个好的室内布置计划，和学校建筑面积协调好。如果我们一开始就有这样的推断，即各种各样的学习空间是好的，因为它们鼓励多样化的学习活动，那么一所学校在室内布置方面将比现有模式具备更多的多样性。（见工具栏"聪明的想法：具多样性的室内布置"）

大家往往会把对合适家具的需求当成过度的花销，认为没必要或负担不起。一个选择是从商业部门获取高质量的二手家具——许多公司都乐意捐赠他们的旧家具给学校。令人伤感的事实是二手商业家具比崭新的学校家具更好。

家具应该易于使用、易于移动并且随着活动、使用者和需求的改变而体现个性化。当学习者能够管理他们的环境，他们将在自己塑造而成的环境中做到最好。

色 彩

比起平淡无奇的环境，孩子们几乎都更喜欢色彩缤纷的环境。然而，大多数学校很少注意色彩。年纪较大的学生所在的环境颜色很少，年纪较小的孩子所在的环境都用基色和其他饱和的色彩装饰。这两种选择都不太好。需要仔细挑选色彩才能出效果。

色彩对学习会产生影响。许多研究发现，色彩影响学生的行为、态度、创造力、学术环境以及注意力持续的时间，甚至影响老师对时间的感觉。有报告展示了单调环境产生的消极影响，包括焦虑、压抑、烦躁以及注意力不能集中。墙壁应该选用浅色的油漆而不是深色，这让空间看起来更明亮，同时也能反射更多的日光，不过也可以用一些强调色让环境看起来更加生动。对前面的墙，即"教学墙"的处理方法是采用中色调，"教学墙"紧挨着色彩中和一点的墙，这样可以减少视觉疲劳、增强注意力和大脑的活动。

聪明的想法：具多样性的室内布置

这里有一份家具清单的样本，你可能想在一所21世纪的学校里看到这样的家具：

- 人类环境改造学椅子
- 摇椅
- 太空椅
- 带轮子的椅子
- 懒人沙发
- 可以灵活排列的书桌
- 可调节高度的桌子
- 工作台

- 咖啡桌
- 不同风格的凳子
- 扶手椅
- 长沙发椅
- 多种样式的软隔层
- 长凳
- 户外吧台椅

图1.6和1.7 人类环境改造学坐席可能包括非传统的样式，比如球椅和科基凳。这两种凳子都可以移动，同时也能保持稳固，而且两种凳子都是根据人类环境改造学设计的。人类环境改造学席座不仅对学生的身心健康有益处而且也有助于注意力集中和提升学术表现。

图1.8 在盖恩斯维尔佛罗里达大学的P. K. 杨发展研究学院里有各种各样的室内布置，使得空间功能性更强、令人舒适和愉悦。

对于非常小的孩子，主色调可能过度刺激，不推荐使用。明亮的色彩可以在楼梯、过道使用，从而体现色彩的多样性、对学生有所激发，也有助于为大家引路。使用色彩和图表引路对于年纪小一些的孩子尤其重要，因为小孩能够对具体的色彩和符号赋予意义与理解。将色彩和图表用于引路也促进了对地点的认知及安全感，并允许孩子们在他们的环境中自信地游走。

材料和材质

考虑到学生待在教室的时间，教室应该是有趣的地方，可以开展各种各样的活动，这一点很重要。朝着这个目标，学校应该让教室的表层，诸如墙壁、地板和天花板，体现多样性。设有布告板来展示学生的作业；白板和特别粉刷过的墙可以用于书写；大片的面积可以换成玻璃，让日光照射进来，从而创造面对自然的视角，同时向内部和外部区域都提供透明性。

地板表层应该各有不同，方便开展不同的活动。地毯和小方块地毯可以当成地面席座，油毡可以铺在潮湿和凌乱的区域，而木地板适合活动区。

喧　嚣

学生在不吵闹的地方能够学得最好。老师的意图通常非常好，但常常在装饰教室方面走极端，比如将他们的教室装饰到没有多余的墙壁空间，甚至玻璃窗上也经常张贴习作，妨碍了宝贵的日光洒进教室。年纪较小的孩子所在的教室，天花板上还挂着饰品，到处都是教学和学习用具。

在罗琳·麦克斯韦看来，"整洁"对学生而言很重要，不仅仅因为这有助于帮助创造"休复"空间，而且也因为一个有条不紊的空间允许学生更好地掌控他们的环境，有助于构建他们的自主性。

气质和美学

假如蒙住你的双眼，让自己信步走访美国任何地方的一所典型的学校，把遮眼布拿走之后，你几乎不可能猜到自己在哪里。北美学校的设计大同小异，这一点不足为奇。

每个社区都有一段历史、一个故事可以讲述给大家听，每个社区都有人物和时代让人感到自豪。每个社区也通过现在的一些东西自我定义，从而给予社区独特的身份。从一个人踏入附近的一所学校开始，到参观完教学楼的最后一间教室，一所学校应该呈现它所在社区的本质。这个自我身份可以在许多方面达成：学校名字的使用；在校园或入口处展示标志性的元素，比如艺术作业、雕塑；教学楼材料的选择以及学校各种元素的技艺；对教学楼和教室的命名；颜色的使用——所有这些特征都使得教学楼被赋予了场所感。诸如此类的特征呼应着社区的文化特质。

杂乱无章还是有条不紊

图1.9 这个儿童早期教育的教室显示老师常常在教室摆放太多东西，甚至把学生的作业张贴在窗户上。如此的杂乱不仅减少了空间的有效性，而且缺少好的学习环境所需的休复特质。

图1.10 看看这个空间，有所规划并且有条不紊，因此功能性更强，更容易让人恢复精神和体力。

CHAPTER TWO　**第二章**

宾至如归

——入口和公用区域

谈及一所学校的入口，"第一印象很重要"这句格言再正确不过了。你走进一座教学楼时的体验强烈地影响着你如何感受教学楼的内部。

当我们进入任何建筑楼宇——学校也不例外——我们去除自己在公共街市上的形象，因为我们脱掉外套，转换成适合室内的行为举止，期待在此和与我们碰面的人有共通之处。对来访者而言，有几个原因使得这样的转变压力很大。入口处越显得庄重且机构化，越促使来访者采取这样的行为举止，诸如依从规章制度并认为应该持有更正式的态度。来访者可能想着自己是否容易找到目标地点，并感到迷失方向的焦虑。来访者觉得自己是宾至如归还是有所震慑完全取决于入口处的设计。

　　对学生而言，进入学校的体验被进一步放大。一名学生进入学校的方式与地点为他或她在学校的一天设下基调。令人宾至如归和传递积极信息的设计原则在此显得尤其重要。通过深思熟虑的设计，我们可以导入视觉和空间的线索，让所有来到学校的人对该地点有所认知并产生归属感，同时也为他们的来访设下愉快的基调。到访学校应该有教育意义，让学生、教职员工和来访者以积极的、社交的方式进入学校。

步入学校是学习旅程的开始

　　让我们把走进学校当成一次旅程，从你步行、坐公交车或汽车抵达学校的那一刻开始。学校公交车站点应该离学校入口远点，这样学生走向入口处时可以呼吸新鲜空气、享受阳光和其他自然元素。假如入口处不是一目了然，那么有必要在停车区设置清晰标牌引导来访者走向入口处。景观美化和拓宽的人行道也能帮助人们自然而然地走向入口处，缓解找寻路径的压力。在空间允许的地方，花销不多的雨水花园和本地植被可为来访者以及学生创造一个宾至如归的自然氛围，而且也可以在学校的学习空间里遮蔽部分停车区。来访者和学生因此通过最宜人的路线进入学校主要入口处。

　　因为人们常常可以从多个方向走进学校入口，从侧面和正面都能看到入口处尤其重要。在入口处的门上设计悬挂的或人字屋顶是实现它的一个很好的解决方案。这样的屋顶在天气恶劣时起到防护的作用，同时也能成为学生集合或安全等候交通工具的地方。

　　若是好几个年级在同一座教学楼学习，入口处按年龄划分很重要，这样年纪小一点的孩子不会受伤，也不会因为年纪大一些的学生匆忙进出学校而受到惊吓。对于非常小的孩子，入口处必须坐落在父母可以送他们到门口或将他们安全地交付给老师和员工的地方，然后再由教职员工送他们到对应的学生入口处。

　　紧挨着主要入口处的户外区域可以用来展示学校的骄人业绩和学生的成就，比如展示艺术作品、雕塑喷泉以及欢迎的标志。迎合社区地域特质的标志性元素激发居民充当学校志愿者或支持特殊的学校活动（参见工具栏"聪明的想法：标志性元素"）。橱窗里的电子显示屏可以按时间滚动播放学生项目的视频或新闻。我在加拿大萨斯喀彻温省里贾纳的一个项目，校园不仅用于教育学生，同时也能服务社区，尤其是印第安人人民。因此，在该校的入口处展示的艺术、色彩还有其他材料都激发附近居民，尤其是部落长者进来做客。如此定制使得学校入口让社区居民觉得自己是受欢迎的。

　　在很多学校，学校主要入口处的正前方空间实用性太强，人们迅速涌入建筑楼，很少沟通互动。这样的设计不仅没让人觉得受欢迎，而且从外到内也会产生一种急剧变化的感觉——这样的变化令那些每天都得进出这个入口的人很有压力。更好的解决方案是逐渐过渡，按年级分流，分成两个通道，或者改变入口区通道的一些装饰。在邻近入口处设置一个社交区域，那里设有台阶和凳子，让人们随意休息、吃午饭，并且不用在太阳底下等朋友。如此非正式、不急不躁的环境让学生、父母还有其他的来访者在他们进入教学楼之前，可以舒服地停下来交谈，喝完一杯咖啡，或在台阶上等同事。这样的社交区域大部分可以自我管理，但对学校而言，这个区域应该坐落在行政人员可以透过大窗户督导的地方。这一章节后面的附录有一份清单，列出了一些评估你所在学校入口有效性时需要寻找的物件。

聪明的想法：标志性元素

对学校设计的批评之一是设计太过普通和机构化。当然，学区无力为每所学校量身设计，让每所学校对于所在街坊而言都是独特的，并能够反映社区精神。然而，每所学校都引用一个或多个标志性元素来展示自己的个性仍然很重要。学生很重视这些标志性的元素，因为这些元素让学校显得特别和与众不同。这些元素经常成为为之骄傲和主人翁意识的源泉——这两者都是构建积极校园氛围的关键构成。标志性元素应该令人难忘、具标志性，而且理想的话，与学校或社区的特质、历史、理念相关。

图2.1　这个标志性的大型壁画是对位于孟买的美国学校学生的特写，它突出地坐落在学校中央公共区域，从一个庄重大气的楼梯走上去能看得更清楚。

入口处的安全问题

在我们的社会，过去的二十年期间，校门附近的区域变成最有争议的空间之一。在美国学校，诸如康涅狄格州纽顿，发生了令人

图2.2　印度尼西亚希拿玛斯世界学院的锦鲤池塘是一个戏剧性且令人愉悦的标志性元素，而且对环境也很友好。锦鲤池塘坐落在学校教学区入口。

图2.3　坐落在澳大利亚塔斯马尼亚斯科奇—欧克伯恩学院校园里的附属中学入口处是一座露天圆形剧场，这个标志性的建筑是在当地采石建造的。

图2.4　德克萨斯州圣安东尼奥的安妮·弗兰克激励学院的这个树屋栖息在一棵两百岁的大树上。这样的建筑在美国开创先河，代表了某种校园独特的标志性元素，即鼓励户外学习。

震惊、备受瞩目的校园枪击案。由于2013年的这一起枪击案，许多学校采取了安全措施，比如安装金属探测器、配备穿制服的保安以及安装夹丝玻璃——基本上是供监狱使用的一些材料。除了对随机枪杀者的恐惧，市区学校也常担心帮派暴力。这些安保装置一旦安装就很少移除了。然而，真相是统计数据显示，发生在校园的极端暴力事件非常少，而诸如校园欺凌这样不断发生的消极事件则更为

图2.5　梅多代尔中学坐落在华盛顿林伍德本地常青藤树林里，学校正面有很多树木作为标志性的元素。这个两层的入口及悬吊屋顶在潮湿的太平洋西北部气候中创造了一个随意的户外聚集空间。

盛行。尽管安装这些安全设备的成人，他们的顾虑易于理解，但是评估一下每天都必须使用这些设施的学校社区成员如何受到影响也是重要的。倘若不牺牲滋养学生并提升积极行为的设计，有没有最佳的方式保证学校入口处的安全？

主要入口区域是监控进入教学楼人员最关键的检查站，但科技的使用及空间的设计没有必要与监狱相似。甚至使用更谨慎的电子监控可能也不是确保学校安全的最好方式。智能卡和视频监控系统，本身就暗示着对学生群体的不信任，与宾至如归的精神截然相反。

确保学校安全最好的方式是"盯着街道"或不动声色地观察。能够做到不动声色监视的设计特征是开放的公共用地、透明的隔墙、矮墙，以及在入口处特别安装的各种照明。学校入口附近一般是行政楼，或前台有人接待，但这里常常看不到成人；前台工作人员可能得离开前台去帮助某人，或者行政楼的职员虽然能够看到入口处，但因为得做事，大家的注意力会被分散。行政办公室最能做到不动声色地严格监控，因为大部分办公人员一抬头就能观察入口处和公共区域。这样的安排可以通过长的透明墙来实现。因为学校犯罪率的最高峰发生在13岁到15岁的学生当中，所以在中学进行不动声色的监控尤其重要。在西雅图外的梅多代尔中学把入口通道设计成人们经由行政办公室的玻璃墙进入学校公共区域。

有效监控的另外一个关键点是视线，可在学校消除挡住视线的障碍物，尤其在入口处。梅多代尔校区的学校主管艾德·彼特森评述道："这是校区最易于监控的学校，甚至一个人也能做到。我可以站在公共区域这里，从一个有利的位置看到学校的大部分区域。"视线无障碍不意味着空间的设计变得无趣或了无装饰。相反，这意味着总会有成人的目光监督每个空间，并在需要时进行指导。这个方法不仅保护学校免受外界威胁，而且也对校园欺凌和其他小型威胁具备强大的威慑力。

在俄勒冈州梅德福规模更小一些的杰克逊小学，行政人员在拐角玻璃墙后面办公，从而易于行政人员招呼和引导来访者。后面的办公室有玻璃墙可以直接看到校门外的伸出部分，以及学生下车时公交车的停靠处。把入口处设计成便于不动声色的督导，从而使得行政人员或充当志愿者的家长也可以主动向来访者友好地打招呼："欢迎来到我们学校"或"需要我帮你指路吗"。

我于十月的开学日抵达明尼阿波利斯，参观当地的克里斯托·雷伊耶稣会高中。学校所处的社区属于低收入群体，并且每个学生都有个商业实习的职位，平日里做兼职，所以学校进出的人很多。此外，学校放学后的晚间时间与柯林·鲍威尔社区中心共用体育馆和剧院。当我走进学校入口，学生排着不太长的队列陆续进入学校，但排队的原因不是供金属探测器进行安检。校长和四五位老师组成的迎接队伍站在校门内，叫着每个人的名字问好并握手。通过尊重学生个体，学校社区的成人与学生凝聚在一起。

对学生而言，以积极的社交体验开始这一天，形成了一种和学校达成个人认同的感觉，并让他们为一个更好的学习体验做好准备。讽刺的是，比起没有人情味、昂贵的安保系统，如此简单的措施更有助于防止学校暴力事件的重复发生，因为这一途径追溯问题本源，即学生的疏离感，进行处理。一般来说，有些学生施行暴力可能因为觉得自己身处一个习以为常的环境，在一个无名群体中不为人所见，相反，倘若学生感到自己受欢迎并受老师等成人的关心，这种情形下不太可能施行暴力。

学校的核心与积极的社交氛围

打完招呼之后，学校来访者给自己找到一个供来访者和学生逗留的空间；来访者可能在这里等候会面，学生在这里聚集等学校日开始。因为这个空间是人们进入教学楼最常待的地方，所以从建筑学、陈设的角度考虑，包括诸如标志和学生作品展示等其他元素都很重要。作为学习社区和各种学术区域的中心点，这个空间可以称为学校的核心。让我们探讨一下如何在这个中心区域创造一个积极的环境。

采 光

在我与学校社区交流期间，几乎总会被提及的一点是希望在入口处内有自然光和暖色调，尤其处于北部气候的学校更希望如此。玻璃墙和木头的使用可以营造一个欢迎的环境，适用于各种气候。此外，因为希望人们一走进这个空间就精神振奋，所以除了非常炎热的地区，采用暖色调的装修效果均较好。在炎热气候则采用白色、蓝色墙漆或稠密的绿植让人们在视觉上从沙漠般的赭色中得到放松。颜色的选择也可以参考当地文化。采光应该提升颜色选择的效果。

固定灯饰可以多样化，给学校的核心提供最好的人造光；通道里可以设置学生作品展示区，把洗墙灯、定向灯和低压灯的灯光结合起来提升空间质感，从而比20世纪公共建筑常用的统一的荧光灯网格更好。

声　响

声音必须仔细调节，尤其在较大的公共空间，因为太多的噪音会妨碍社交互动。你可以在天花板和地面的高度调节声响，或安装天花板声响控制板、装上软垫的墙，以及明智地选用地毯。给个人或小组创造一个小角落学习也应注意声音的"反弹"以及又长又直的墙产生的扩音。大概许多上过传统高中的人都清晰地记得放置很多金属储物柜的长过道会扩散出声响，而软装和窗帘的使用也能让这个繁忙且多功能的区域变得令人精神振奋，而不是压力重重。

席　位

能够挑选各种不同高度的席位对来访者和学生都有好处；镶嵌式席位和可移动桌椅的使用让空间变得更灵巧。长窗台，宽敞而可以坐下的台阶，以及内置的长条形软座对孩子们来说就像磁铁般吸引人，大家可以坐在上面交朋友或学习。若像公司大厅或机场那样一排排摆放桌椅，效果就不怎么样了。如同布莱恩·劳森在《空间的语言》里所说，"在开放的空间放置设计得很漂亮的椅子可能看似摆设，但它们也不过保持摆设的样子。相比之下，如果物件摆放得当，人们就会落座。"出于这个目的，一些公共区域的桌椅应该易于移动或重新放置，这样学生和成人能够创造"安放得当"的布局来满足各种群体和个人的需求。

图2.6　在俄勒冈梅德福罗斯福小学，软席和窗座都成了吸引学生阅读和做项目的地方。

　　不过，来访者等候区的布局最好比其他空间稍微正式一些，并且靠近行政办公室。这个比较固定的席位区可以从视觉上吸引来访者，有着令人安心和亲切的样式。这里给来访者提供了一个退避的空间，而且可以环顾周围的环境。旁边设置咖啡屋或饮料吧会显得友好，同时也可以用于诸如家长教师之夜等较大型的晚会。这个等待区也是呈现学校过去和现在的活动、告知来访者学校文化的一个好地方。

标　牌

标牌是让人们在一个不熟悉的空间放松下来的另外一个重要构成。标牌让来访者、社区成员和新学生可以在教学楼独立穿行。如果学校公共区域被社区或运动会征用，那么标牌应该可以指引诸如剧院、餐厅以及运动设施、会议室这样的公共区域。甚至可以围绕学校标牌在学习楼里开设一节课。让学生参与其中的一个有趣且并不昂贵的方式是让他们每年都为来访者设计一幅学校地图，然后印刷出来，放在来访者等候区供他们使用。

鲜明特色

展现学校个性的元素不仅仅在学校入口处。在加拿大，规划工作坊的参加者常常提及诸如石壁炉、室内花园以及游玩区等这些室内设施。作为焦点，这些标志性的元素可以给空间和结构添加宾至如归的氛围。在天气暖和的国家，如阿拉伯的阿曼，庭园水景、马赛克地板，以及几何形状栅栏都能体现当地文化，同时让空间变得凉快。学校历史可以是探索标志性概念的另一个途径；可以把一面延伸的墙变成时间轴，每年在上面添加内容。选择物件可以成为一个有趣的校园项目。

作品展示

学生展示也是标志性元素的一个具启发作用的形式，但在学校的核心地带选择作品展示应该考虑作品的真实性，这一点很重要。一排排大同小异的默写作业不如展示带有学生个性的作业来得引人入胜。在学校入口空间展示的艺术作品应该获得和运动赛事奖杯及照片一样的荣光，因此不要把作品张贴在墙上，而是放到橱窗里或装裱起来。选择展示的作品可以不限于惯用的二维平面的海报，可以包括科学模型、园圃、立体模型，以及学生参与各种学习形式的照片。另外一个有趣的想法是设计一个实际的学习空间，比如，机器人技术室或其他独特的工作室，工作室的透明墙面对学校的核心地段开放，进行学习实况展示，以此作为标志性的元素。

科　技

电子屏展示是展示学生诸如视频和动画片等创意作品的另一种方式，在入口处和公共区域就让大家感受到科技的存在。毕竟，整个学校的公共区域也应当是一个学习空间，会用到无线网络，这样学生可以在这些区域独立学习。一些与站立时高度一样的台式电脑也适合放在这个空间，这样学生不需要打开笔记本电脑就能快速查阅和研究。

社区公共区域和社交

经过学校入口区，学校公共区域是我们校园之旅的最后一程，但在我们讲下一章之前，还需要进一步探讨一些有趣的细节与可能性。

每次我参观学校都看到学生随意坐在过道上学习，或者小组成员在储物柜边上排练，基本上都是一群群孩子四处寻找地方学习，甚至在学费昂贵的私立学校也是这般情景。一个装修妥当的学校公共区域应该有各种合适的位置，诸如各式桌子、软座、飘窗以及台阶，可以在大人不动声色的督导下安全地进行所有形式的学习及社交活动。确实，即便花销较少的翻修也能通过移除几堵墙以及创意使用桌椅来创建公共区域。这个空间还能作为学校和当地社区会面的地点（见工具栏"学校公共区域作为社区中心"）。

在服务不齐全的社区，设施的混合使用可以让邻里安定下来，并在一个地方聚集有用的代理机构。萨斯喀彻温省瑞吉娜北部的中心共享设施在规划阶段就利用了这个全面的路径。该项目把中学8到12年级、社区中心、健康诊所、杂货店、警署、花园中心、咖啡馆和第一国民中心沿着室内过道整合在一起。学校的整合项目给学生提供实习机会，而且还有来自警察和部落长老的指导，通过一个高度可持续发展的设施来减轻经济压力、提升经济效率。

俄勒冈州梅德福的杰克逊和罗斯福学校也开展了一个类似学校作为社区资源的项目，规模相对较小。几个公共会议室坐落在学校中央公共区域的旁边，而学生的学习社区在这个机动空间之外。白天的时候，来自祖父母阅读项目小组的志愿者可以在公共区域对学生一对一或以小组为单位进行辅导。在多元文化社区，来自移民家庭的孩子在学习语言技能方面常需要帮助，类似这样的志愿者活动是弥足珍贵的。在晚上，中庭和会议室可以让社区使用，作为音乐表演的场地或进行成人教育。这样，学校和社区形成合作关系，这样的合作已经不限于使用同一空间。地区学校的主管菲尔·隆说：“我喜欢空间可以根据观众群体的不同而转变，比如，可以从一个成人交谈的地方变成一个以孩子为中心的空间。你早上在这里，看他们在学校集会，小孩在下面，年纪大一点的学生在上面第二层，整个学校社区作为一个群体参与进来，没有什么比这更激动人心了。”

这些例子证明了学校公共区域可以整合周围社区，使之变得更好。一些社区的居民由于经济原因或刚到美国，需要更多帮助，附近整合过的社区所提供的服务让他们受益。社区资产较多、富裕一些的社区可以把公共区域当成一个联结点，即学生可以到社区实习或在当地大学图书馆学习。这个联结点不仅共用资源，而且在所有

学校公共区域作为社区中心

有许多地方的学校教学楼是社区的中心。在这些学校，公共区域可以拓展涵纳更多的便利设施，作为周围环境积极的一面。例如：

■ 咖啡馆	■ 日托处	■ 健身设施
■ 演艺空间	■ 体育馆	■ 游泳池
■ 健康服务	■ 会议室	
■ 图书馆	■ 多媒体剧院	

共享社区资产的理念互惠互利；学生可以使用外界的便利设施来学习，或者学校也可以成为当地公共生活的聚焦点。

实体之间形成有意义的合作伙伴的关系，此外，入口的转换必须有助于维持人与人之间的互动。

更小一些的公共区域空间：学习社区的入口

在校园里也可以创建规模较小的公共区域。这些区域常常作为个体学习社区的入口。这些区域跟学校主入口不同，但也很重要。

让我们看看布鲁塞尔国际学校临时高中里面的学习公共区域，看看它为何如此灵巧使得该区域大获成功。老师和学生可以自行选择坐下学习的地点，许多人由于日光和街景被吸引到窗边的席座。有一位老师尤其偏爱坐在长桌旁，反而很少使用分配给她的办公室。许多学生喜欢在软席上休息、开小组会议，而且所有人都可以聚集在那里听特邀嘉宾的讲座。整个房间的各种陈设，包括储物柜，都易于重新组合，方便老师和学生做各种不同学习的实验。诸如布鲁塞尔国际学校这样的小规模实验项目给学校提供了尝试的机会，无需花费大量资金，利用一个小空间便使得新的学习环境变得美好。

威斯康星的腹地湖畔校区以更小的规模开始改变他们的教学，他们决定开放一些教室作为公共区域。教学和科技部门的主任特蕾莎·吉列克解释道："老师意识到要实现因材施教、改变对学生的学习期待，需要一个崭新的环境，完全不同于传统的教室。于是大家开始创建反映教室外面世界的舒适空间。"当这些老师意识到他们正变成学习的促动者，而不是任务分配者，他们知道需要更加灵巧的空间，但他们没有太多的预算，于是变得富有创造力。带轮子的矮

图2.7　在俄勒冈梅德福杰克逊小学，从学校的主入口就可以进入一个吸引人的公共区域。这个采用自然光的空间可以作为阅读、使用电脑以及团队合作的地点。也可以是放学后家长或社区居民会谈的一个好场所。

桌、懒人沙发、摇椅、厚实的小地毯方便活跃的学生移动，让比较安静的孩子得以小憩及阅读。与当地供应商协商，确保较低价格购入设备。一名三年级学生的说法表明这样的做法是成功的："过去的书桌让我觉得像被囚禁起来。过去常常是人在学校却想着家里的舒适。现在,我在学校就像在家里一样舒服。"

显然,这孩子比以前更乐意学习了。不管规模大小,在学校增添共同区域为学生提供了更多机会,让他们通过最适合自己的方式学习。

附录 营造宾至如归的入口设计方案建议

使用这个检查清单给你所在学校入口处的每个特征打分,然后评价如何改进。

描 述			评 论
每个学校入口处有大小合适的顶篷,当人们等候、会面以及在学校主入口外面跟朋友们打招呼时不会被太阳晒到或被雨淋。	□是	□否	
年纪较小和年纪较大的学生从不同的入口进入学校。	□是	□否	
年纪最小的孩子们可以让父母把自己送到有老师的地方或某个接待处。	□是	□否	
途经保安处有清晰可见的欢迎语。	□是	□否	
行政区的成人能够看到学生从入口走到教学楼。	□是	□否	
美观且通俗易懂的标牌清楚地指引来访者去相应的目的地。	□是	□否	

描　述	评　论
展示学校精神的标志性元素在学校的主要庆典入口处清晰可见。	□是　□否
通往学校每个入口处的路程都是愉快的，不会被太阳晒到，而且还可以看到绿植区域。	□是　□否
行政区透明化，这样职员或志愿者可以督视进入学校的人。	□是　□否
来访者一进入教学楼就有人跟他们打招呼。	□是　□否
在主要入口处以及每个次要入口处的墙上安装展示板，以及设置展示学生3D项目的地方。	□是　□否
有特殊陈列区展示校史。	□是　□否
欢迎语指引父母和社区居民到社区专用会议空间，会场备好设备及饮料。	□是　□否
有社区聚集区以及等候区，配备舒适的椅子，而且声响得到控制。	□是　□否
在办公室外面有自动服务的咖啡车，或者对家长开放的校园咖啡屋，在早上或下午提供咖啡、茶水和零食。	□是　□否
区域有很不错的采光及合适的人造光。	□是　□否
入口附近学生下车的地方早晚保持交通顺畅，避免拥堵。	□是　□否

CHAPTER THREE　**第三章**

发掘更多的学习空间
——教室和过道改装

当我们谈及重新设计学校，显然会从教室开始着手——但为什么也包括过道呢？为何把这两个空间——一个是学习空间，另一个是实用空间——在同一章节相提并论？简短地说，这是因为美国大部分学校的教室和过道相连。如此安排意味着学校设计的一种特殊哲学，即之前我描述过的"房间—铃声"模型。这个模型的设计让学生随着铃声响起从一个"房间"（教室）快速移步到另外一个等同的房间。相反，围绕着以学生为中心而不是以教师为中心的学习体系则要求一个不一样的建筑设计。通过消除现有教室和过道之间僵硬的隔断，把过道的大部分空间用于教学，以更灵活的方式改装教室。

这一章节没有提议一个魔法般的解决方案来取代传统教室和过道的设计，也没有建议每所学校都要做好处理教室和过道的准备。

相反，我提供了具体的解决方案，任何学校不管处于什么阶段的转型都可以采用这些方案。这一过程始于对传统模型适度地提升，即把单间教室改装成学习工作室（即重新设计的教室，这一章节后面部分会更详细地讨论）。从学习工作室开始到创建学习套间——合并两间或多间教室让老师们合作教学。这一章节的末尾谈论整体改装教室过道的布局来创建新的典型学习社区。与此同时，工具栏"现在就动手吧：在想象中练习"提供具体的、低花销的方案，老师们可以立马开始实施。

图3.1 盖恩斯维尔佛罗里达大学的P. K. 杨发展研究学院展示了消除学校设计中的过道之后，更多的学习空间在原有面积之上被创造出来了。

现在就动手吧：在想象中练习

即使你没什么资金翻新，还是有希望的。你可以做的最重要的改变是思考如何把教室空间变成学习工作室。这个改变不是给空间换个名字。"房间"这个词意味着是容纳很多人与物的地方而且与周围的空间都有关联。而"工作室"这个词则意味着一个充满机会的空间——一位艺术家的工作室容纳了他或她用来练习的所有材料，而且它将邀请外部世界进来。工作室迎接来自大自然或城市生活的灵感。把你的教室想象成一个学习工作室——一个包含许多学习灵感的空间，带来真实的学习机会，并且跟周围环境密切相关。

这里有十个建议可以用于着手改装：

■　摒弃思维定式：记住教室"盒子"不仅作为一个物理空间存在，也作为精神空间存在。从对教室重新命名开始——称之为你的学习工作室，缘由在这一章节已经谈过。

■　布置一个小组项目：让你的学生通过调研（试一试这个网站 http://designshare.com）找出另外一种方式来装修这个盒子。

■　开发一个"活动模型"：决定二十种学习形式当中有哪个可以在原先作为教室的这些空间合理进行。

■　重复这句准则"软的就是好的"：确保改装规划包含软座（一张沙发、带软垫的椅子、垫子、懒人沙发这些都值得考虑）。

■　对设计进行测试：使用家具样板进行不同使用方式的测试，

看看如何布置房间以促进各种形式的学习。

■ 筹备资金、使用二手货并尝试家居改良店：制订并施行一个计划来为新家具筹备资金，或者更好的办法是联系当地商家或公司捐赠他们用过的，而你正好用得上的家具。请你所处当地的家居和办公室修缮店捐赠涂漆和设备来建造架子、陈列板、窗台等等。

■ 绿化这个空间：通过选用本地材料、与户外和自然联系以及耗费最少的资源，让这个项目自觉地为环境负责。

■ 自己修建：如果让学生自己修建，他们会喜欢并爱护这个空间。

■ 拆除一些墙：如果你有一些翻新的钱，拆掉几堵教室的墙，打通教室和过道来创造社交空间并促进团队学习。

■ 改变教学实践：改变你的教学实践，充分利用你创造的新空间。

教室和过道作为单一目的的空间

教室设计的缺陷在于没能容纳各种活动，进而让孩子们富有创造力并成为灵巧的学习者。典型的教室设计基于错误的推断，即认为内容的有效讲解等同于有效的学习。大多数教室都以单一的教学模式设计，即老师在教室前面的讲台上课，而且也强化了老师们彼此隔离、在各自房间里做事的模式。

教室作为学生学习最主要的场所却经不起科研细究。环境科学家已经发表了几十项研究，展示人类创造力和空间设计之间的紧密关联。而我们对教室空间的研究清晰地证明学生和老师在各式各样、灵巧并且舒适的环境中能做得更好。

与大多数传统教室一样，过道这一空间也是单一用途。甚至更糟的是这一空间在学校日的大部分时间里没被使用。过道功能性不多，加上不怎么使用，所以显得派不上用场。除此之外，过道是设计功能失调最明显的例子，因为在这个地方容易引起诸如欺凌和破坏公物的消极行为。

假如过道变成一个可以用来教学的空间，情形将会怎样？这个改变不仅让学校跳出传统教学设计的陷阱，而且神奇的是几乎可以给整所学校添加将近20%到30%的更有用的空间。

四个关于学习的远古比喻

学生在一个设计得好的空间能够体验四种首要的学习模式——大卫·索恩伯格将此描述为"关于学习的远古比喻"：篝火（向专家学习）、水坑（向同伴学习）、洞穴（在自我反省中学习）以及生命（学以致用）。索恩伯格作为施乐帕洛尔托研究中心的创始人之一，同时还是一名获奖的未来主义者、作家、PBS的评论员，自20世纪70年代开始就活跃在教育领域。他认为当学习者得以在上述四种模式中周而复始地学习，真正的学习才会产生。在一篇影响深远的文章《赛博空间的篝火》（*Campfires in Cyberspace*）以及一本同名专著当中，索恩伯格对比了自己参加的两次会议：一次非常沉闷乏味的会议——会议都是专家发言（篝火模式）；而另外一次会议——与会者常有间歇可以使用网络（水坑模式）或沿沙滩散步（洞穴模式）以及一起

之前和之后：教室和过道

图3.2 之前：大部分学校的教室都遵循"教室和铃声"的安排，过道一边是一间间教室，另一边放置一排的学生储物柜。佛罗里达坦帕的希尔学院的这个过道可以说没什么自然光而且也不易于拥有看到外面的视野，大部分学校设计都没有考虑过这两点。过道占据学校这一侧楼总空间的将近30%，而学校日的大部分时间这一空间不怎么使用，基本上都浪费了。

图3.3 之后：这一张照片展示了上图希尔学院的同一个过道。翻新的空间现在是一个小型学习社区的一部分。大家注意到各种社交和学习区域通过桌椅的摆放被创造了出来。大家也能够看到安置的玻璃门可以通往隔壁教室（教室也被改造成学习工作室），如此带来更多的日照光，让空间变得明亮。这一翻新只花费学区通常用于学习设施翻新费用的一小部分。

合作解决问题（生命模式）。索恩伯格得出的结论是第二种形式的会议效果更好，因为与会者有机会体验四种远古的学习模式。

　　阅读索恩伯格的文章之后，我决定在学校设计领域应用他的理论。学校，如同诸多专家出席的会议，在很大程度上倾向于篝火模式的学习。设计得好的学校在各个空间之间形成平衡来容纳四种学习模式，使得学生从教育中受益。在过去的十年，建筑师们都相当认可篝火、水坑、洞穴以及生命这些比喻，并在学校设计中普遍使用。甚至可以在政府的指导方针与标准中找到这四种比喻。

　　现今的教室主要设计给篝火模式的学习使用，即向专家学习。当教室所有的座位一排排放置，学生可以面向讲台上的老师，这时教室作为篝火空间的目的再次被强化。考虑到学生大部分时间都在教室里待着，教育工作者就很难设计项目，给学生提供诸如大卫·索恩伯格建议的丰富多样的学习活动。

理解多种学习方式

　　对于理解学习环境的多样性需求，索恩伯格的比喻是一个好的起点，但这些比喻没有具体谈及一个设计得好的学校建筑物应该如何支持学习活动。建筑师兰德尔·菲尔丁和我指出的二十种学习形式能够成为有效学习空间的设计基准（见工具栏"学习的二十种形式"）。

　　在一个典型的学习周，大多数学校的学生将体验许多种学习形式。但单纯体验二十种学习形式并不等同于获得21世纪的教育。想想你厨房的橱柜里有各种配料，但你需要时却取不到的情形。同理，

关于学习的四种比喻场景

图3.4 俄勒冈梅德福杰克逊小学，从自我反省中学习的洞穴空间

图3.5 P. K. 杨学校，小组学习的篝火空间

图3.6 明尼阿波利斯克里斯托·雷伊耶稣会高中，随意和同伴一起学习的水坑空间

图3.7 杰克逊小学，通过真实世界的体验，在生命空间中学习

老师和学生都无法随时随地接触所需的每种学习形式。一旦学校被分成各种"区"，不同的学习活动就在学校不同区域进行。那么要使学生在几种学习活动之间迅速转换，类似这样的无缝衔接就做不到了。本章节末尾的附录"各种类型学习的最佳空间设计方案建议"展示了教与学如何戏剧性地受益于学校空间布局的改变。

教室用来给老师讲课和学生做展示是合适的，但对于其他学习形式，比如团队合作、独立学习、同伴切磋等效果都不太好。在大多数学校，你实际上能看到传统教室可以进行两种以上的学习形式，但传统教室的设计没有自觉地考虑如何容纳各种学习活动。

比如，老师会让二十五个学生安静地坐在他们的书桌旁阅读，旁观者这时可能会说这些学生都正在进行独立学习。这一观察没能说明倘若让学生选择属于自己的空间、安静地阅读，很少有孩子会选择现在如此不舒适的桌椅来完成这项活动。一个设计得好的学校将提供各种区域让学生进行活动时根据喜好自己挑选。因此，我可以确定地说，传统教室只为两种学习形式做好设计——老师讲课、学生展示。

现在看看当你把一堆教室和一个两边都摆满东西的过道串联起来会是怎样，美国大部分学校的典型布局都是如此。这样根本没法转换学习形式——以传统方式建立起来的教室仅仅适合两种学习形式。换言之，当教室以这样的方式排列，没有任何额外的教育意义（这可以通过增加的学生实际能够开展的活动数量来衡量）。这样的结果并不令人吃惊；教室沿着过道聚集在一起，是出于移动效率的考虑，而不是为了学习有效性而做的安排。

将教室转变为学习工作室

从20世纪学校设计转变为21世纪学校设计的旅程中，第一步而且是最简单的一步是把教室改成学习工作室。非常简单，学习工作室是指有意识地重新设计教室，从而增加可以在室内进行的学习形式。事实上，最常见的学习工作室的例子是童年初期的教室。通常可以将这些教室配备成适应不同年龄段学生的学习中心来开展不同的活动——比如，玩具桌、阅读区域、会面小方毯、装扮好的角落等等。

学习的二十种形式

1. 独立学习
2. 同伴之间相互切磋
3. 和老师一对一学习
4. 老师讲课
5. 团队合作
6. 基于项目的学习
7. 远程学习
8. 通过移动科技学习
9. 学生展示
10. 基于网络的研究
11. 圆桌讨论
12. 基于表演的学习
13. 跨学科学习
14. 自然主义学习
15. 基于艺术的学习
16. 社交情绪学习
17. 基于设计的学习
18. 讲故事
19. 团队教与学
20. 基于游戏和移动的学习

今天的教室，明天的学习工作室

图3.8　传统平面图中的一间典型教室，大家可以注意到桌椅一排排地放置，面朝教室前方讲台上的老师。

图3.9　和上面传统教室布局对比。通过各种各样的家装、学生分组、取代固定白板的移动白板，以及与户外学习环境和室内共用区域的联结，这间教室被改造成工作室。

下面描绘的三个建筑平面图展示了在同一物理空间能够同时进行的各种学习安排。第1张平面图是对传统教室的改造。第2张平面图是一系列适合初中生和高中生的学习工作室。不难看到的是学习工作室比传统教室适合开展更多的教学活动。第3张平面图是一个能够让每个学生拥有自己的工作站的建议模型。

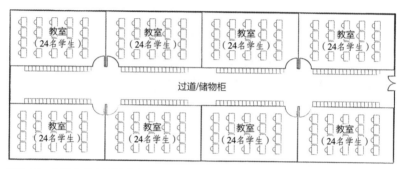

图3.10 典型的教室和过道平面图

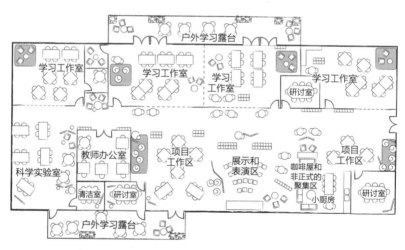

图3.11 把教室过道平面图改造成小型学习社区

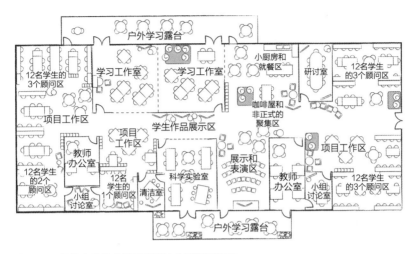

图3.12　把教室改造成基于建议的小型学习社区

　　学习工作室根据学生年龄大小做出不同设计，因为小学生花更多的时间待在有老师指导的教室，所以需要在这样的教室接触更多的学习形式，而年纪大一点的学生移动性更大一些，一些特殊设施工作室容纳不了而放置在学校其他区域，但他们还是能够用得上。学习工作室在这两种情形中都提供了更为丰富的教学活动。学习工作室的效果更好不仅是因为可以进行更多形式的学习，而且也因为对学生而言工作室是一个更舒适、愉快而且令人开心的地方。本章节附录"各种类型学习的最佳空间设计方案建议"展示了学习工作室的设计能够很好地推进与开展五到七种学习形式——比只能开展两种学习形式的传统教室更有意义。

改变教师和学生比例

有很多文章谈论公立学校教师和学生的理想比例。按传统教室布局的学校在教师和学生的比例方面没有灵活性，因为教室是指定的而学生数量也是固定的。根据小型学习社区这样的模型改造的学校空间在这一方面则具备优势。如下表所示，基于小型学习社区模型的学校可以根据学习活动持续调整教师和学生的比例。

学习形式	可接受的教师和学生比例	说明
老师讲课	1：10到1：150或者其他情形*	一位讲师给一大群学生讲课与给较少数量的学生讲课效果差不多。比如，一位访校专家可能给一整个小型学习社区的学生讲课，或在礼堂对全校所有学生讲课。
独立学习、网络调研、同学之间的切磋、团队合作	0：25	在这些学习形式中，小型学习社区的老师可以待在教室两侧或者和另外一群学生一起，因为所有这些活动都是以学生为导向的。
和老师一对一的学习	1：1	减少对老师积极"授课"的需求，增强学生以自我为导向的学习模式，同时确保同事之间相互照看学生，这样小型学习社区的每位老师可以获得自由来对需要帮助的学生进行一对一的指导。
小组指导	1：5	一位老师可以在一个约五名学生的小组高效地展开教学指导。
圆桌讨论	1：15	一位老师可以和十五名学生在一间会议室或围绕圆桌进行小组讨论及"苏格拉底"式的指导。

* 一位老师给整所学校学生授课的师生比例在1：10到1：150（小型学习社区的规模）之间。

在一个小型学习社区，一组老师负责一组学生，在校日的一天，教师和学生的比例可以不断变化，不需要聘用更多的老师。即使每位老师都增加学生数量，也能顾及需要关注的学生。换言之，在小型学习社区模型中1∶25的教师和学生比例可能等同于课堂模型的1∶20比例。对学区而言，这个路径可以节约很大一笔开支。

从学习工作室到学习套间

把两个或两个以上的学习工作室之间的隔墙打通，换成简单的入口、拉门或可移动墙，这样就能创建学习套间。一个障碍的移除对于建筑本身是一个相对小的改变，但对于教学却有很大的影响。突然间，老师不再与特定群组的学生一道隔离开来。教育工作者可以合作，有更多的机会重新组合学生，给需要帮助的学生提供一对一的指导，开展Block Schedule课程，创造跨学科项目，分享空间来增加学习机会，因为工作室不用设计得一概雷同，而且还能形成跨年龄小组。

甚至是传统教职工编制的学校，给每位老师分配25名学生，在学习工作室系列套间的老师可以一起工作，也许每位老师的教学目的不同，但创造了一个更广泛的学习机会（见工具栏"改变教师和学生比例"）。学习套间适合十种学习形式，包括和老师的一对一学习、同学之间一对一的切磋、团队教学（见章节附录）。

从学习套间到小型学习社区

下面关联到小型学习社区（SLC，即Small Learning Community）的设计。在小型学习社区里，我们是从整体上看一座传统教学楼的侧翼，而不是单纯的几间或多间教室。我们已经看到沿着过道的一排排教室并没有比单一的教室提供更多的学习优势。但是若把这一空间改造成一个小型学习社区，潜在的学习活动数量便戏剧般地增长。在小型学习社区里可以开展20种学习形式中的19种学习形式。

小型学习社区与小学校的对比

把小学校模型与基于小型学习社区模型的学校区分开来很重要，有那么几年在美国以及其他国家小学校的规模都很大。有了诸如比尔·盖茨、梅丽娜·盖茨和安嫩伯格基金会这些有影响力的机构提供的赞助，加上学校体系本身大量投入的资金，较大规模的学校被拆分，小学校使得全国的思路永久地转向小的方向。然而，小规模学校运动的结果令人失望。把小规模的高中拆分成更小规模的"校中校"从而形成社区的感觉，这样的努力并没有像预测那般成功。

不巧小型学习社区的建设碰上了小规模学校运动的失败，或许是因为两者都是关于小规模的走向。然而，许多所谓小规模学校有500多名学生，有一些还达到1000多人。这些学校被认为是小规模的，只是因为他们是从3000到4000名学生规模的高中拆分出来的。从就读这些学校的学生个体角度来看，学校除了小就没有别的好！因此小规模承诺带来的好处并没有兑现，这就不令人吃惊了。

　　单纯让学校规模变小显然不足以提升学生的表现。然而，研究表明，学校规模小可以促进一些大家期待的实践，比如老师之间的合作及共同管理学生，提升师生之间的关系，以及更加个性化的教学，因为这些实践在小型学习社区更易于实现。

　　在教育工作者之间渐趋形成一个共识，即小型学习社区的学生不该超过150名，学生数量再少一些就更好了。事实上，这样限制人数是有科学依据的。在马尔科姆·格拉德维尔的《临界点》一书中，他认为进化生物学是人类具有"社交渠道能力"的原因，而这一能力限制了人与人之间有效互动的人数。格拉德维尔引用了英国人类学家罗宾·邓巴的观点，后者认为"个体之间可以真正建立社交关

图3.13　小型学习社区的一个重要优势是学生可以接触类似图中的学习公共区域。公共区域拓展了各种学习形式的范围，比在学习工作室可以进行的学习形式还多。这些空间比学校公共区域更小，而且大部分由学习社区成员使用。

系的人数最多大概为150人左右。"

从设计的角度看小型学习社区

小型学习社区的成功最重要的条件在于"社区"这个词。关键是创建自治或半自治的学生群体，这样的话小规模的感觉是真实的，而并非像是另外一个行政噱头。这一点应该由那些设计学校的设计师负责，从而支持小型学习社区的成功运行所需要的自治权。

例如，当建筑师兰德尔·菲尔丁设计明尼苏达德卢斯的港市国际特许学校时，他想创建一个教职员工和学校两百名学生都感到相互联结的地方。这个学校的内部布局跟大多数学校建筑典型的教室过道模式迥异。

在港市学校，各种空间联结起来创建了一个完全自主的学习环境。以往过道占用的空间现在被改造成用于社交学习的学生工作站和小组讨论区。"绿洲"般的软席不仅可以用于个体学习和合作学习，也可以在那里吃午餐。这样的布局看起来开放、宽敞，但在传统的教室—过道这样的布局模式空间内也可以实现。主要的区别是在这样的小型学习社区，所有空间都用于学习和学生活动。

在这种高效的设计中所有空间皆有用，为了达到这种效果，需要采用不同的思维方式考量隔离各项活动的隔墙。传统的学校倾向于使用坚固的石墙做隔断，设计得有新意的学习社区采取各种方式区分空间。这些隔断的方式跟墙的效果一样，但不死板，所以可以创造机会变化尺寸和周围环境，使得任何给定时间开展的活动效果都达到最佳。请见工具栏"聪明的想法：隔断"的一些例子。

尽管在规模较大的学校不易于仿效诸如港市小规模学校的益处，但还是能够做到的。关键是避免前文提及的诸如盖茨资助的小规模校中校所犯的基本错误，即作为小规模学校，学生人数经常多达500至1000名。如此规模不仅使得学校没有人情味，而且难以运行学习社区。效果较好的学习社区学生人数不该超过150名，最多8位老师。这样的规模才会让小型学习社区看起来、感受起来以及运行起来像真正的社区。

在佛罗里达州坦帕的希尔学院，我的同事和我设计了两个学习社区——一个给2~5年级的学生，另外一个给6~8年级的学生。布鲁塞尔国际学校有1500名学生，我们设计的是总平面图，所采取的视角是把学校拆分成小型学习社区。在布鲁塞尔国际学校，每个小型学习社区都是一个半自治的单元，但学生也可以享用学校的其他设施，如礼堂、媒体中心以及健身设备。密歇根的布鲁姆菲尔德·希尔斯高中，对现有的校园进行翻新并拓展。这个校区规划设计在11个小型学习社区里容纳1650名学生。这里提及的所有成功的小型学习社区的例子，一个共同的主题是对内置社交空间的需求，这也常常成为新设计的一个明确且主要的方面。

现今，许多看上去传统的学校也开始将学生分组，分配到"顾问区"学习，而不是在教室或班级教室。"顾问区"这个词意味着一群学生定期会面。把这个想法跟小型学习社区结合起来，顾问区呈现出新意义。以顾问区为基础的小型学习社区给多个10到15名群组

聪明的想法：隔断

　　学校设计得好其中一个关键元素是精明地利用隔断区分空间和功能。传统学校倾向于使用砖石砌成的永久性隔断来隔开空间——尤其是教室，而一座学习楼将利用隔断，在需要时分隔或联结空间。照片展示了巧妙使用隔断让传统教室模式变得更加灵活的例子。

图3.14　孟买美国学校的这个学习工作室和旁边的工作室用滑动的多层控制板隔断联结起来。这个设计使得两个房间作为一个学习套间，在老师的督导下一起运行。隔断上面还有布告板、白板以及玻璃嵌板。

图3.15　这个学习工作室也有滑动的隔断使之与公共区域区分开来，过去这里是过道，现在大面积应用为学习区。重要的是老师们根据活动的类型以及控制声响的需要，让公共区的隔断开放得多一些或少一些。

图3.16　布鲁塞尔新国际学校高中部的这个可升降玻璃门可以完全关闭，让后面的学习工作室作为一个独立的空间，或完全开放，从而可以将以学生为导向的合作学习活动延伸到公共区。

图3.17　P. K. 杨学校的学习社区，隔断也用作储物柜。许多非正式学习活动由这些低矮的隔断分开，从而形成一个围拢的空间，而且也没有必要创建独立的房间来开展这些活动。

共计150名的学生提供个人工作站；学生一起分享诸如咖啡屋、项目区、学习工作室、研讨室、教师合作室等共同区域。在顾问区模型中，每名学生都有自己的工作站来支持基本上以学生为中心的（常常是以项目为基础）的课程。

正在兴起的小型学习社区运动是机构、建筑学以及未来学校的理念在正确的方向上迈出的重要一步。

你所在学校创建小型学习社区

倘若你们考虑对现有的"教室和铃声"式学校进行更有意义的翻新以及现代化，我强烈推荐先对学校局部改造，即把原先将老师们隔离开来的单一教室改造成学习社区模式。

可以先选出你想改造的学校的某个区域（理想地说是建筑物的整个局部，并且跟室外环境有直接关联）。改造后的这个小型学习社区可以容纳跟之前同样数量的学生，这一点很重要。选出教学楼的一翼或侧翼的一部分：如果是在小学创建小型学习社区，当前容纳的学生不超过100名，如果是在初中或高中创建小型学习社区，当前容纳的学生不超过150名。

利用教育有效性的调查表（附录A和B，见本书末）先评估要改造的空间。调查要基于可靠的考察，并且能够经受细致的检验。如果你正在处理的是传统教学楼的布局，你的空间有可能一开始的评分非常低，分数很可能在"不充分"的类别里。在你设计任何改造之前，对空间的评估很重要，因为它提供了一个基准，改造后你可以用这个基准对同一空间进行客观评估。对习以为常的教育模型做一个根本的改变，一些股东可能会问他们同意的理由是什么。如果小型学习社区的改造妥当地推进，调查表的分数肯定会相应地提高，那么这将让怀疑者和支持者都放心。

确保成功地改造成一个小型学习社区

我在引言部分讨论了四种需要实施的设计原则，则此学习环境可以支持六种21世纪教育策略：以学生为中心的学习；教师合作；积极的校园氛围；科技集成；灵活的时间安排以及与环境、社区、全球网络的联结。

小型学习社区是实施四种设计原则的理想媒介。然而，必须有意识地实践这四种设计原则，这样小型学习社区的教育益处才得以实现。仔细研究以下标准，确保你的设计团队遵循清单上的每个重点。

● 宾至如归（安全的、滋养的、鼓舞人心的公民生活）：应该把小型学习社区设计得让人感觉宾至如归。从学习社区的入口开始就应该体现这一点。理想地说，小型学习社区的共用区域可以作为入口。这个区域应该活泼、多姿多彩、舒适而且给来访者一个好的第一印象。宾至如归的感觉也不能止于入口处，而是学生在校的一天所在的地方都应该如此。创建色彩缤纷、舒适而且个性化的场景，让学生感到自己被尊重和受关照。学生在学校的表现如何与教学楼传递的隐含信息有关。设计师对创建宾至如归的环境有很大的影响。

● 多功能性（灵巧的、个性化的）：小型学习社区应该是灵巧的环境，可以创建各种空间，而且容许同时开展各种形式的学习。除此之外，通过丰富的空间和周围环境，学习社区的区域也应该满足不同学生的个体需求，因此让人感到学校更人性化，而机构化的感觉则少一些。

● 支持各种具体的学习活动：确保你的小型学习社区设计一些支持具体学习活动的专用区域。比如，可以创立一个达芬奇工作室支持类似动手实践的不拘一格的活动（见第四章），一个可以安静读书的角落，或者可以容纳多达五人的小组讨论室。此外，小型学习社区也将包括诸如室外露台以及易于改造用于各种活动的大型公共活动空间。在许多案例中，公用区域可大可小，用活动玻璃门或"车库门"打开相区隔的房间。混搭这种专用的空间和可以重构的空间使得小型学习社区有效地回应老师和学习者对于改变的需求。因此，一座教学楼通过建立一系列小型学习社区的方式而成为一座真正的学习型教学楼。你所在学校的每个小型学习社区应该支持灵活的日程安排，因为对学生的行为控制较少，对更有意义的学习体验的需求回应得更多。

● 传递积极的信息：你得明白你创建的小型学习社区的特征更多在于它们不是什么，而不是它们是什么。它们不是机构化的空间，它们也不是没有人情味的空间，它们不是专门设立给以老师为导向的学习所使用的。所有这些因素传递了积极的信息给学生，即他们像社区成员那样受到重视。此外，小型学习社区的设立让一些充满关爱的成人参与进来，对社区每名学生的身心健康做出贡献，从而创造了积极的氛围。在如此积极的环境中，学生更可能展示积极的行为，这相应地将带来更好的纪律以及更好的学习效果。

附录　各种类型学习的最佳空间设计方案建议

学习形式	合适的学校空间					
	单间教室	沿着过道的几排教室	年纪较大的学生的独立学习工作室	年纪较小的孩子的独立学习工作室	学习套间（学习工作室的合并）	小型学习社区
1. 独立学习						√
2. 同伴之间的切磋					√	√
3. 和老师一对一的学习					√	√
4. 老师讲课	√	√	√	√	√	√
5. 团队合作			√	√	√	√
6. 基于项目的学习						√
7. 远程学习						√
8. 通过移动科技学习			√		√	√
9. 学生展示	√	√	√			√
10. 基于网络的研究			√	√		√

学习形式	合适的学校空间					
	单间教室	沿着过道的几排教室	年纪较大的学生的独立学习工作室	年纪较小的孩子的独立学习工作室	学习套间（学习工作室的合并）	小型学习社区
11. 圆桌讨论						√
12. 基于表演的学习						√
13. 跨学科学习				√	√	√
14. 自然主义学习						√
15. 基于艺术的学习						√
16. 社交情绪学习					√	√
17. 基于设计的学习						√
18. 讲故事				√		√
19. 团队教学					√	√
20. 基于游戏和移动的学习						
空间能够很好地容纳的学习形式总数	2	2	5	7	10	19

CHAPTER FOUR　**第四章**

一体化学习区域
——实验室、工作室以及DIY空间

　　学校的实验室可以从车库的理念学到什么呢？典型的美国家庭车库是学校动手实践学习中心的一个完美类比。车库的地板没有过多装修，因此可以做动手实践的项目和实验，不用担心造成毁坏。大家一眼就能看到挂在墙上的工具和供给物，而且便于使用。有充分的储藏空间放置供给物，一张结实的工作台，水和设备，开放的地板空间支持所有活动。不用说大家也知道有一个车库大门联结室内外空间，大型物体也可以轻松地搬入搬出。如果需要的话，车道允许项目工作延展到外面，而且还提供很棒的通风及采光。你也可以想象带有背景音乐的画面，繁忙而又令人满足的DIY成就感。车库是DIY的标志性符号，一个全能的空间和一个有关设计空间的理想象征，即支持自我主导、令人满意、构建自信以及亲自动手学习。

　　学校实验室为何不能设计得像车库这样呢？在这一章节，我们将审视诸如实验室、工作室以及其他DIY工作区域这样的多功能学习空间，以及探究如何改造这些空间，使之具备最大的灵活性并支持以学生为中心的学习。工具栏"优秀实验室的必要品质"描述了其一些鼓励有效学习体验的特征。

为何需要重新思考传统实验室的设计

传统教学楼被设计成老师向学生"有效"地传递信息这样的地方，即以老师传递的信息学生实际记住多少来衡量学习本身。现今，随着网络的普及以及各种设备与网络的连接，信息本身就是大量的资源，学生也很容易获取这些资源。当学校开始意识到它们存在的

图4.1　明尼阿波利斯湖乡学校的类似车库的一个空间

主要原因再也不是传递静态的内容，它们变得开放，注重更多基于技能的模型。当然，基于技能模型的学校看起来与以内容为中心的学校非常不一样。从设计的视角来看，这意味着学校需要在整座教学楼给学生提供更多亲自动手学习的机会。

若干世界闻名的机构倡议并强调，为了21世纪的关键技能与素质

优秀实验室的必要品质

当你策划学校实验室时要记得一个优秀车库具备的有用特征。你会注意到这个清单与达芬奇工作室清单有许多相似的地方：

1. 不加装修的地板——不用担心被弄坏

2. 一目了然并且随手可用的工具和供给品

3. 储藏空间——一些是开放的，一些是关闭的

4. 搬运大型物件时可用的卷帘门

5. 结实的工作台

6. 开放的地板空间

7. 车道作为室外项目的场地，需要时可以拓展使用

8. 水和其他设备

9. 与室外联结的出口

10. 通风及日光

11. 与生活区和休息区相邻或联结

的顺利养成，学习者必须参与基于项目、亲自动手、解决问题和应用知识的学习。可选择的学习空间的灵感来自多种文化（比如，见工具栏"聪明的想法：大地穴"）。理想地说，学生来学校应该做一些他们不能在家里或别的地方轻而易举完成的事情。这意味着学校，或更广泛地说，学校设施，应该提供方法和资源来支持"新"类型的学习，学生可以把理论应用到真实的世界，同时与同伴互动，而老师作为导师和教练监护学生学习。我们把这样的地方称为实验室。

虽然实验室大部分用于科学教育，历来只代表传统学习日的一部分，但未来的学校将看到类似实验室的学习工作室的增加，这样的工作室支持各种基于项目的学习。

《韦氏词典》把实验室宽泛地定义为"为某个领域的学习提供机会做实验、观察或实践的地方"。注意，这个定义比传统学校对这个词的解读更加宽泛。一个装备好的空间提供许多机会来做某个领域的实验、观察或练习是对真实的学习环境的典型定义，对各个学科都适用。针对这一章节，我们将关注"实验室"这个词，比起传统学校，这个词在这里有更宽泛的语境。

让我们回顾第三章提到的大卫·索恩伯格的四个关于学习的原始比喻：篝火（向专家学习）、水坑（向同伴学习）、洞穴（通过内省学习）以及生命（通过实践学习）。在学校的设计中生命的这个比喻常被忽视，尽管通过实践学习是完成学习周期的最后一步，而且也是学以致用的环节。这并不是说生命比其他三个比喻更重要——对于一个平衡的教育来说这四个比喻都需要。

聪明的想法：大地穴

"大地穴"这个词源自普韦布洛（Pueblo）印第安人村庄半地下室这样的社区聚集空间。学校也需要类似这样的大地穴，即一个鼓励大小组成员集合的空间。大地穴是一种高度多功能的空间。它可以作为正式的礼堂，容纳数量相对较大的群体。然而，又不像礼堂，大地穴的优点在于它也可以作为一个小组成员聚集、学习和社交、合作的地方，同时它也可以支持远程学习、同伴辅导以及独立学习。

图4.2　马塞诸萨州伊普斯威奇高中的这个大地穴是一个多功能的空间，允许开展各种各样非正式和正式的教学活动。它给这个公共区域提供了大量的功能，不需要可移动和固定的桌椅。

图4.3　布鲁塞尔国际高中的这个大地穴则有所不同，它把空间分成两层。这样的阶梯席座比传统礼堂的席位为非正式聚集提供了更多的灵活性。

图4.4　四个与学习有关的原始比喻。

　　本章将在全校范围内以及具体学科空间考察生命学习原则的应用。我们要考察的是作为传统实验室的科学和计算机实验室等，然后看看实验室可以如何变得更加跨学科，同时拓展它们能够支持的活动系列。这里展望的例子包括以下整合的学习区域：

- 可以用于艺术和科学学科的达芬奇工作室
- 浓咖啡工作室
- 制造者实验室
- 杰米·奥利弗[①]工作室
- 黑匣子剧院

　　我们考察每种类型的学习区域时，将检验第一章谈及的实现21世纪的教育目标的六种策略如何得到支持以及相应的四种设计原则如何实施。

―――――――――

① 即Jamie Oliver，以原味主厨之名广为人知的一位英国厨师。擅长使用有机食材，并致力于改变英国学校中的饮食习惯，著有多部烹饪作品。

科学实验室

要培养21世纪学习者的核心能力——包括研究、创新、批判性思维、实验以及科技创新的技能，科学教育是必要的。但在传统科学实验室的教学并不能总是支持这些目标。最近一项关于学生实验室学习体验的研究得出的结论是美国高中实验室提供的学习体验"很差"而且不能满足有效体验科学实验的标准。这些标准包括：

- 提升对科目内容的掌握程度

- 发展科学推理能力

- 理解实证研究的复杂性和模糊性

- 发展实践的技能

- 理解科学的本质

- 培养对科学的兴趣以及学习科学的兴趣

- 发展团队能力

教育工作者明白必须提升科学教育实现前述提及的标准进而达到优秀。然而，可以在现代科学实验室开展的新教学法和学习形式却无法在传统科学实验室实现。首先，学校实验室被认为仅仅涉及与物理、生物或化学相关的有限的实践活动。传统实验室的学习空间很小，因为放置了大量实验桌，用以连接水、气、电。当实验室放置太多桌椅设备，空间的问题就显得严重，这也限制了大家在地板上学习的机会。这样的拥挤立马排斥了诸如组装机器人汽车、有一定规模的吊桥模型及把线路板缝入衣服等这样的活动。

除了这些常规科学课程的拓展——即使并非不可能在传统实验室操作，任务恐怕也难以完成——实验室的想法就有问题。在现实中，科学家在各种环境里工作，从事诸如独立研究、团队项目以及在社交场景参与讨论、通过科技与世界其他地区的同事互动等活动。在一个高度跨学科的世界，许多科学项目跟其他领域密切结合，因此科学老师和其他科目的老师合作很重要。然而，传统科学实验室没有考虑这些现代需求。结果，教育模型（可以教给学生什么）变得局限，只包括可以在传统教学环境中实际运作的元素。换言之，21世纪学习环境的缺失意味着合适的科学课程的缺失，而缺少这样的课程意味着缺少对21世纪教育环境的要求。工具栏"分散的科技"将进一步讨论不太昂贵的科技如何拓展学校教育的机会。

从总体上看，选修科学课的学生每周大约有一节课的时间在实验室做实验，比如在生物课显微镜下观察、比较各种不同类型的细胞。这些课前就定好的实验要求所有学生在同一时间以同样的方式做同样的事情来寻找同样的解决方案。传统的"铃声和教室"的工厂模型在这里再次运作。在一座学习型大楼，学校实验室变成这样的一个地方，即学生在实验室做真正的实验、亲自实践、主动发起基于项目的跨学科学习。这样的学习方式在MIT（麻省理工学院）的媒体实验室很好地体现，只要学生能够想象得到的系列活动都能在这样的实验室尝试。我并没有期待所有学校都能提供诸如MIT这种水平的设施，但大家肯定能从中学到一些关于空间设计的内容，关于什么样的活动和实验可以在里面开展而且不受限制。我想传达的理念是学校给学生提供一个学习环境，与传统的科学实验室相比，学生能够在科学教育和其他科目的学习中更多地应用知识、动手实验以及亲自实践。当然，这个改变也要求课程变动。许多学校的课程和教学法正在改变，但由于物理空间和设备的限制，这些新的方法受制于当前的物理环境而难于实施。

　　教学楼的目标是采取产业、学术专家和研究员认为的对科学知识和技能教学而言最好的实践并创造条件尽可能最佳地支持这些实

分散的科技

　　尽管这一章节具体讨论实验室的设计，我们仍须考虑在学校有效利用科技的恰当方式。当科技使用得当，比如，它的易于获取（学生根据需求随时随地可以使用）可以让整个学校看起来像实验室。应将科技分布到各个地方而允许各种各样的学习机会，若把计算机都锁在实验室就不可能有这样的机会了。我们之前都知道笔记本电脑设备的优点，学生到哪里都可以使用。现今，随着电脑价格的急剧下降，学生在学校基本都能使用电脑了。

　　此外，现今联网的平板电脑和智能手机的增多也给了学生更多的自由和灵活性，比如可以随时随地学习内容、获取资源、联系老师和同学。至少从科技使用这一角度考量，整所学校也因此变成活跃的实验室。

践。目前典型的现状是实验室的学习与科学课堂的学习没有关联，这把日常科学课程的学习和动手实践与应用的学习隔离开来。理想地说，实验室应该支持好的科学课程所涵盖的教学与动手实践的学习需求。不过，要想做到这一点，你必须确定什么是好的科学课程，

现在就动手吧：让实验室更加节省成本

考虑以下三种方式来提升学校实验室的成本效益比率：

不要在意教室配置：从传统的角度来看，科学（以及计算机）实验室都配有班级供给物、工具和设备。不要把实验室设备的所有预算都花在同一种设备上，相反，购买各种各样的工具和供给品来支持同一空间不同的学习与活动。

与产业建立合作伙伴关系：另外一个节省成本的策略是与社区和产业建立伙伴关系。往往学校购买的高度专业化设备很快就会过时，或者教职员工若没有参加额外和昂贵的培训就不能有效地教学生使用设备。所以与产业合作，在校内外举办工作坊，共享最先进的设备和专家技师，这样比较节约成本而且提升教学。

各个学科共享家具、设备和空间：第三个策略是增加实验室的成本效益比率，考虑多种学科共用家具和设备。这一章节所展示的多门学科共享资源的路径是使用四种可替代的实验室模型：达芬奇工作室、浓咖啡工作室、制造者实验室、杰米·奥利弗工作室。

而且课程设置不会受到现有科学实验室的局限性的限制。

　　苏珊·辛格和她的同事建议科学实验室的空间、装修以及设备应该灵活，把传统实验室和教室结合起来使得教学与应用可以在同一空间发生。虽然我赞成这一论点的思路，但我并不赞同这个途径。把两种功能失调的空间放在一起不可能产生一个运作不错的空间。我们已经见证学习环境较差的传统教室以及单一功能的科学实验室没能在教学楼里提供丰富的学习机会。

　　那么，我们所需要的是为群体合作以及动手实践的项目提供一个类似实验室的空间，这个空间不一定都用来当实验室做需要水、电、气的实验。比如，你可以在周边放置所有的服务设备或把设备挂在天花板上，在室中央装配各种可移动的桌椅。也应该配备其他类型的设施给其他类型的学习使用，另外为移动的电脑设备配备插口。让我们回到那四个关于学习的原始比喻，一个设计得好的科学实验室应该支持向导师（篝火）学习，向同伴（水坑）学习，通过实践（生命）学习，以及通过反思（洞穴）学习。这意味着实验室应该装备成这样：学生可以看老师做展示、和同伴合作、亲自动手做实验或独立学习与研究。工具栏"现在就动手吧：让实验室更加节省成本"针对如何实施这些改变并节省学校花销提出了建议。

　　科学教育理想的学习效果与其他学科的学习效果相一致，这一点在传统学校设计中少有考量。比如，让科学研究方法和其他过程同样应用于社会研究和人文学科。所以，采取多学科途径来设计和规划环境，进而让技能得以发展，这很重要。这一章节后面，我们将考察创造跨学科学习环境的解决方案。在这样的环境中，传统意义上与科学教育相关的学习模式也可以用于其他学科。

计算机实验室

计算机实验室这个词有点矛盾。配备计算机本来意在让学生从教室的沉闷中解放出来，但实际上仅仅在传统教室里配上计算机就称之为计算机实验室。这样的安排需要最具效果的转换媒介和学生授权，而且需要学校尽其所能（比如计算机），而且素质差的教师往往会把学生扔在实验室放松督教。这样，谁能说计算机实验室让人宾至如归、具备多种功能、支持各种学习模式或传递积极信息？事实上，计算机实验室都没能满足这些考量。然而，学校仍然设置这样的实验室，尽管完全有理由清除它们。

"教计算机"这样的传统理念让计算机实验室变得机构化，好像是说另一个学科。从技术人员的角度来看，这样的实验室运作起来效率很高，因为所有的计算机都放在同一个地方，很容易确保它们的安全并进行维修。然而，这样的设置对教学毫无益处，因此急需考虑在学校里将信息与沟通科技融合起来的其他方式，使得对教育的益处优先于维修便利。把计算机实验室集中在某一个地方，学生得离开他们原本的学习空间到实验室听课。这样，计算机教学受到日程安排及实验室占用时间的限制，与正在进行的课程难以关联结合。

随着越来越多功能强大的移动电脑设备的出现，教育工作者没有必要在计算机实验室"教计算机"。这样的转变还有其他好处。首

之前和之后：科学实验室

图4.5   之前：佛罗里达坦帕希尔学院一直在使用的计算机实验室，后来进行了一次低预算翻新。在翻新期间，把实验室改造成学生共用空间，有利于引导学生使用移动科技。

图4.6   之后：左边是过去用作计算机实验室的同一空间。现在被改造成学生为中心的空间，对于移动设备的使用效果是理想的，而且也可以开展其他形式的学习。

先，学生能够轻松学会如何使用计算机，甚至年纪非常小就能学会使用。他们会比大多数成人更快地从计算机程序中发现数字线索，而且孩子们不用什么指导自己就能够快速学会甚至掌握复杂的程序。其次，如果你考察学生如何自然而然地学习和使用计算机，他们几乎总是利用计算机实现一些具体的学习目标而不是单纯掌握计算机本身。最后，学生可以获得基本计算机技能，但没有必要和同学保持一样的节奏学习同样的内容，因此学习变得民主化。倘若同学们在摆满计算机的实验室中同时学同样的内容，所有这些益处便无法实现。

关于备选空间的五个想法

以下将介绍五种备选空间，学校将从中受益：达芬奇工作室、浓咖啡工作室、制造者实验室、杰米·奥利弗工作室、黑匣子剧场。每个备选空间均支持贯穿整本书的六种教育策略和四个设计原则。

将一间或多间教室改造成学习工作室或套间的花销相对不高，而上述这些交叉学科实验室的创建花销更多一些。尽管如此，现实是，许多学校和学区花在翻新上的成本可能更多，而且翻新后对于学习的提升还没有太大益处。

达芬奇工作室

达芬奇工作室是21世纪的一个代表，因为在新世纪，20世纪期间曾经的艺术和科学的明确分界线已变得模糊。往常的做法是将科目较为狭隘地归类于左右脑，现在学校则需要创造更多的机会让学生摆脱这些限制，将各种不同的思维方式融合起来。于是我的同事和我想到了达芬奇工作室的理念，即创建一个同时庆祝艺术与科学的空间。毕竟，提起交叉学科的天才，我们最熟悉不过的就是达芬奇了。他的画可以从科学的角度欣赏，也可以颂扬他科学绘画中对艺术细节的关注。他的工作空间可以被认为部分是艺术家的工作室，部分是科学实验室，部分是模型构建工作坊。

　　课程、空间、资源三者的结合适用于科学实验室与艺术教室的联

图4.7　一个使用中的达芬奇工作室。注意夏威夷的中太平洋学院（Mid-Pacific Institute）的这个空间如何建成为一个交叉学科工作室。室内有很多工作站可以进行平面设计和计算机编程，还有一个实验室区域可以做各种科学项目。孩子们能够制作艺术作品、开展科学项目和科技应用。地板很容易清洁；有大面积的作业区，可以用水和电；房间与户外活动区联结可以做动手实践的活动。

结。对于中学科学实验室的设计，科学教育协会建议使用防水和防化学物质的地板和工作表层、有充足的通风、自然采光、好的声学效果、通风口、水源和清洁设备以及项目和预备储存室。这些建议与那些列给艺术教室的建议相似。工作室可以随时从科学实验室转变成艺术工作室，也允许该区域作为科学实验室和艺术工作室同时使用。

一个设计得好的达芬奇工作室包括以下品质：

- 许多自然采光和通风

- 耐用、防水及容易清洁的地板

- 充足的储存空间——用于存放学生使用的工具和项目供给品

- 宽敞的准备区

- 完成的作品及正在进行的作品展示区

- 水源和清洁设备

- 来自地板或天花板网格的动力能量

- 妥当的声响处理来控制噪音

- 透明的窗户或门，允许大家从工作室外面看到里面的情况，反之亦然。

- 通过宽敞的门与户外活动区联结，使大型、散乱的项目得以进行。

陈设和工作空间应该多功能，足以容纳2D（规划、制图和绘画）及3D的项目（模型制作、雕塑和工艺品制作以及其他实验），同时允许一些学生坐在书桌旁，另一部分学生倚着长桌边的凳子，再一部分学生围着项目工作台站立。

浓咖啡工作室

在达芬奇工作室开展的一般都是动手实践的活动，而浓咖啡工作室则是一个合作、社交以及独立学习的地方。理想地说，浓咖啡工作室应该看起来像咖啡馆。不过，在学校这样的环境中可以把浓咖啡工作室设计成如同宾馆大堂一般：几人一组或独自在一个随意、吸引人并令人放松的空间学习，而且在这里大家也方便买零食和饮料。浓咖啡工作室的特征包括舒适的装修、高吊顶、可以走到户外以及私人空间与开放流通的空间联结。学生可以来去自由，也能使用空间和室内桌椅，或者和自己选择的伙伴交流。要注意，这一空间的细节和美学需要传递给室内的人一个积极的信息，即他们都被

图4.8　在美国克利夫兰的颂歌高中，一个典型的餐厅被改造成浓咖啡工作室，全天候开放，让大家来思考及完成小组作业。

珍视、在这里都受欢迎。当然,学校不是宾馆大堂,但这个类比可以帮你理解如何规划空间和装修来支持个体学习及反思,同时也允许小组学习和社交。把工作室设计成具备宾馆大堂一般的功能,浓咖啡工作室将成为见证四种设计原则的好地方:宾至如归、多功能、支持各种具体学习活动以及传递积极的信息。

制造者实验室

在世界各地,制造者运动热情持续高涨。有了网络作为向导,并且廉价的元件随时可用,所有年龄段的DIY爱好者正好赶上最佳时机。据布里特·莫林所说,当今的DIY爱好者"使用从网上找到的免费软件和工具把诸如机器人、打印机以及其他可编程设备组装起来"。科

图4.9 在华盛顿州一所中学的制造者工作室里,一台高科技3D打印机让学生得以把复杂的设计变成真实的实用模型。

技商店是一个全国性的基于社区的DIY连锁店，让那些对制造、发明以及焊补感兴趣的人使用类似激光切割机、CNC（电脑数字控制）铣床、3D打印机以及商用缝纫机这样的机器设备。西尔维娅·利博·马丁内斯和加里·斯戴杰在他们的著作《发明与学习》中提出一个强有力的论点，即让孩子们把制作东西的热情带到学校来。随着设备及软件的价格持续下降，大多数学校有资金建立至少一个基础的制作者实验室，学生可以通过制作发明来表达自己的创造力。

马丁内斯和斯戴杰给学校的制作者实验室提供了一些基本准则。他们建议创建一个灵活的空间，适合开展各种项目并且有很多储存空间；这里的"灵活"指给学生提供合作及独立作业的机会。在我看来，制作者实验室与我在这一章开头提及的车库最相似。一个好的车库工作室具备的品质也同样适用于好的制作者实验室。用生命这个关于学习的原始比喻来描述制作者实验室最好不过了，当然一个好的设计还应该提供一些软席，让学生得以休息，进入水坑模式或在网上做自己的研究（即洞穴模式）。

杰米·奥利弗工作室

农业研究蕴含了丰富的交叉学科的学习机会。一位化学家（弗利兹·哈伯）负责开发了现今日常所用的施肥过程，一位发明家兼企业家（约翰·迪尔）对犁耕的改进最终挖掘出了中西部土壤的潜能，还有一位科学家兼教育工作者（乔治·华盛顿·卡弗）教导贫穷的农民如何开发替代的作物并开发多种种植方法以及不同农产品

图4.10　在塔斯马尼亚的这所学校里，学生在社区活动期间经营杰米·奥利弗工作室的咖啡和厨房区；与户外的联结让这个空间拓展到大露台。

制成的烹饪半成品，一位人类学家兼农学家（诺曼·博朗）通过开发高产作物来减少世界范围的饥饿问题。

这些革新领袖应用的跨学科路径给多学科工作室提供了许多灵感——使得农业科学、化学、社会议题、写作、创新、企业以及烹饪艺术的研究能够在同一工作室进行。我的同事和我将这样的区域定义为杰米·奥利弗工作室。尽管奥利弗不是前面提及的大师级的历史人物，但他在健康和营养领域的开拓性工作——尤其在学校——令他家喻户晓。

一个设计得好的杰米·奥利弗工作室包括一个户外花园、一个教学厨房以及一间咖啡屋。根据空间和资源，可以把花园建成一个成熟的农业中心，甚至也可以是一个培育小盆栽的药草花园。可以把教学厨房和咖啡屋用圆桌和软座联结起来。没有必要把空间限制在四面墙里，可以拓展到流通区域，或许还可以延伸到户外露台。大多数学校已有商业级别的厨房，通常与一个大型的多功能空间联结起来作为餐厅。通过一些小调整，可以把这样的空间改造成带有教学厨房的杰米·奥利弗工作室，专注培养学生有关营养和健康的知识与技能。

杰米·奥利弗工作室不仅仅是一个厨房，它还有空间和设备支持与营养学、农业以及食品行业有关的教学。理想地说，工作室可以与学生花园联结，使学生得以实践农业科学知识。学校花园种植并收获的食物可以供给学校商业性厨房准备健康、营养的饭菜。也可以在学校与社区关联的学生经营的农贸市场售卖多余的农产品，这可以同时培养学生的企业技能。记住在与食物相关的体验中有内在的社交和非正式学习的机会。教学厨房旁边的咖啡屋支持社交互动以及沟通与关系建构这些关键技能的发展。

杰米·奥利弗工作室支持三个原始的学习比喻：

● 生命：关于食物如何生长以及如何准备食物的实践经验。如果空间有限，至少包括小规模的小盆栽花园来种植药草和蔬菜。

● 篝火：在这一空间进行相关科目的教学。老师可以在项目工作区域和学生一起工作，没有必要再建立一个教室。

● 水坑：咖啡屋这一空间提供丰富、非正式的社交学习体验。

黑匣子剧场

黑匣子剧场，也称为实验剧场，用于戏剧、音乐和其他表演艺术，在这一空间里可以表演小型戏剧、举办小型音乐会，以及培训和练习。黑匣子剧场受欢迎是因为它的场地和功能为实验提供了一个灵活的空间。这样的可调适空间在旧仓库、遗弃的餐厅、商店、咖啡屋、夜总会、重新设置的办公室甚至房子里都能构建。此外，剧场里放置可移动的家具，也可以改变剧场布局来满足艺术家的需求。一场交响音乐会、一场辩论赛、一场芭蕾舞演出，都可以在这样的剧场举办，不同功能之间的转变也无需花费太多的时间与花销。在黑匣子剧场，使用者无惧改变四周的东西——这样的态度进一步使得空间变成一个有活力的学习环境。由于空间本身的灵活性，黑匣子剧场几乎是学习型建筑的一个完美展示。

基本上，黑匣子剧场包括一个大型开放的楼层，在一个可调控的天花板网格安装一系列的特殊灯光和音响装置。使用有弹性的木地板效果最佳，因为比其他地板具备更好的音响品质，开展诸如舞蹈和表演等与身体有关的活动更舒适，也更有美感。可以为观众配置折叠式看台。这种设计的优点是剧场的整个空间可以用于与表演相关的活动，不像在传统礼堂，观众坐席占据了大部分空间。如果学校翻新的预算相对宽裕，把礼堂改造成黑匣子剧场是一个切实可行的选择。空间改造包括移除席位、安装新地板和内置灯光及音响的天花板网格。如果是更高端一点的改造（如图：孟买的美国学校设计理想的黑匣子剧场），可以再建一个控制室。从长远的角度来看，黑匣子剧场是一项很好的投资，因为它的回报是许多未被充分利用的空间都用于教学。此外，学生也能够从专业品质的表演和与音乐

图4.11　孟买美国学校的这个黑匣子剧场极大提升了学校的音乐和表演艺术项目。高度多功能的空间相比传统学校的礼堂可提供更广泛的系列活动。

相关的活动中受益，而这样的活动大部分学校的礼堂没法提供。

以上所有关于特殊学习区域的讨论，意在给学校提供更加丰富多彩的教学与学习机会。这些空间的创建将减少对传统教室的需求，因此特殊的学习区域不一定增加学校对总体房屋面积的需求。

当然，这里讨论的这些实验室意在纳入学校课程、教学法和日程安排之中。类似这样的空间让学校得以丰富课程，比如把诸如工业设计和布景设计、图像艺术、专业戏剧作品、广播以及健康和营养的科目和活动囊括进来或进一步提升。这些空间也提供机会发展学生的软技能，比如团队建设、解决问题以及社交情绪发展。随着设计发生的所有改变，实验室的创建使得教学法得以改变，比如可以通过教职员工的职业发展来提升。我们称这种职业发展的形式为教育启动，即教师在开学之前参加的特殊培训，帮助他们理解21世纪空间设计的充分潜能，以及在课程、教学法和日程安排方面的改变，从而使得教育者认识到其中的益处。

这一章节讨论的实验室大部分可以为大多数年级的学生使用，在大多数科目领域也可以使用。至于在学习日任何指定时间如何具体使用这些空间，老师们可以充分发挥自己的想象力。

对学校抱怨最多的是学生将课本所学的理论知识应用于实践的机会很少。这一章节展示了学校如何超越传统科学实验室、提供各种有趣的空间，让学生在这样的空间里应用他们的创造性技能，从而使得他们的教育经历更加激动人心、受益匪浅。

CHAPTER FIVE　**第五章**

设计利于协作的空间
——教师的职业空间

支持老师一起工作的环境并不多。如我们所见，教室和过道的的传统设计使得从幼儿园到12年级的老师在各自的教室工作。在一些案例中，老师们建立自己的教室，在里面摆放自己的桌子，然后宣称这是他们的空间。在高中给各个课堂分配空间的另外一个常用方法是让老师和学生每节课更换教室。比起仅让学生从一间教室换到另外一间，这个方法更糟糕，因为这意味着大家对空间没有一点监护感。

尽管教学楼的设计倾向于把老师隔离在各个教室，但是教育这个领域本身正稳步迈向一个鼓励教师合作的模型。确实有证据表明让教师整体获得提升的改革比关注提升教师个体能力的改革更有效。这一章节将讨论教师合作的重要性以及如何设计空间来支持这样的合作。你将看到我们一直讨论的六项教育策略值得在这里重申：以学生为中心的学习；教师之间的合作；积极的校园氛围；科技融合；灵活的日程安排；与环境、社区及全球网络联结。这些策略当中最重要的当然是教师之间的合作。

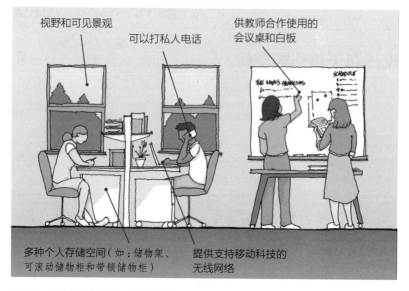

视野和可见景观

可以打私人电话

供教师合作使用的会议桌和白板

多种个人存储空间（如：储物架、可滚动储物柜和带锁储物柜）

提供支持移动科技的无线网络

图5.1 教师合作空间的一些重要特征

　　为了更好地促进教师之间的合作，教同一群组学生的老师要有毗邻的工作空间。这样的近距离关联有助于老师一起共同备课和非正式谈话——老师们随时可以谈论教学策略、课程材料或个别学生的需求。想一想，由于老师们独自工作，在繁忙的学校生活中会少多少好想法。再想一想如果老师们在各自的办公室里，那么将失去分享策略的机会，比如如何联系和帮助学业遇到困难的学生。

　　没有必要把所有老师的办公桌都放在一起。事实上，集合所有老师可能与合作相违背，因为人太多反而影响积极性的释放。那么，如何设计有效合作的空间呢？

有效地组群合作

　　将以学习为中心应用到教师工作空间的一个途径是建立教师办公室，这样教同一群组学生的老师也可以在同一空间备课及批改作业。合作群体可以包括一个学段或者跨年龄段的学习社区的多面手和专家型老师。不管是哪种情况，形成小组允许教相同学生的老师合作。

　　这一安排也给老师提供策划交叉学科项目的机会，充分利用每个人的知识和优势，讨论学生的进步，以及分享策略处理具体学习和身心状态的需求。而且由于需要修改（局部的）时间表时，老师们交流起来很方便，因此日程也得以灵活安排。结果，学习机会变

图5.2　盖恩斯维尔的佛罗里达大学P. K. 杨发展研究学院里的教师办公室。在这个学院，由于与大学联结，专业性受到高度重视；大多数P. K. 杨的老师的学历都很高。

得更易于调整创造以适应学生个体的需求。

一个更常见的方法，尤其是在高中，是通过系部来分教师小组。老师们可以同时教不同学段的学生，不一定同时教同样的学生。这样的安排让老师形成合作小组而不是单独在特定的教室（数学老师在数学教室，科学老师在科学教室等等）里工作，这样肯定有益处。然而，按系部分组的缺点是强化了教育的筒仓式模型，即老师们各自孤立地教自己的科目。这种分组有悖于全国上下的学校正尝试实施的实践型跨学科课程。

老师们的小组办公室设在学生的学习区域附近比较理想。这样，学生将在老师办公室附近上大多数的课程。可以把一些办公室改造成

图5.3 诸如玻璃门或墙体部分为玻璃这样的透明元素允许老师彼此会面的同时仍然能够督导他们周围的学习社区。

带有可以观望附近学习区域的窗户，这样老师们也能够注意到学生。

老师们需要一个可以坐下、反思及计划的个体或团队工作空间。他们也需要一个可以存放专业图书、确保随身物品安全的空间。这一空间通常是一张桌子，但可能也不总是如此——也可以是一间房间，房间里配有书架、档案柜、中央大桌、给常用办公室的人配备一把人类环境改造学的椅子（加上一把备用的）、沙发、带锁的个人储存柜，以及可以给笔记本电脑充电的插口。"共用书桌"的安排可能更佳，因为优先考虑老师之间的合作，每位老师有各种不同的空间可以坐下、工作，而且还有更多的空间可以把各种书、试卷以及电脑摆放在大桌子上。当然，因为桌面是共享的，所以不大可能客观上鼓励大家像在自己桌上那样杂乱无章地堆积很多个人材料（见工具栏"改变中心"）。

不管是摆放多张书桌还是在中央放置一张大桌子，办公室的设计必须遵循高质量的环境标准。办公室需要保持我们的感官舒适、无不适之感，比如：

- 朝向户外的窗户，或者至少朝向某个房间，可以看到户外。
- 有诸如架子、滚动或固定储物单元柜等多种储物选择。
- 无线网络支持笔记本电脑、平板以及智能手机的使用。
- 会议桌足够大，可以容纳负责特定学习社区的所有老师。
- 固定或可移动的白板，或者其他可用来书写、陈列和展示的表面。
- 量身定制的人工采光：高显色指数的吊灯，通过桌灯和阅读

改变中心

这一图表向我们展示了一所学校的设施如何从以老师为中心改造成以学习为中心的概要。

以老师为中心、内容为导向

↕

以学生为中心、个性化

- ■ 老师的桌子放在他或她的教室里
- ■ 没有机会让两个或更多的班级一起学习
- ■ 系部办公室
- ■ 若干两室一屋的教室，两个班级可以在校园里一起学习
- ■ 取代教室群的学习社区，为交叉学科、个性化学习创造一个更加灵活的环境
- ■ 按年级水平划分（或按年级高低排列）的教室群，80%的课堂时间老师和学生都待在里头
- ■ 所有老师的桌子都放在教室里
- ■ 每个教室群都有两室一间的教室或类似的空间
- ■ 在学习社区有专用的跨学科教师办公室

台灯来增加光照。

- 好的空气质量，如果可以的话，自然通风。

- 愉悦的氛围，不要过度吵闹。

图5.4 佛罗里达坦帕希尔学院的这个教师办公室过去是一间教室；现在成了学习社区的一部分，老师们形成团队在里头办公。

老师有时会考虑他们需要空间在"非联系时间"避开学生，因此他们往往质疑把办公室建在学习社区的想法。然而，这样的不便很容易解决。办公室门前挂一个标牌可以让学生知道哪位老师当值、哪位老师休息，社区学生就明白只能通过电子邮件联系休息中的老师。我也常听到老师抱怨他们需要一个隔音效果好的空间，譬如偶尔打私人电话或与学生及家长会谈。这个合理的要求也可以在学习社区的教师办公室内处理，比如给老师和学生设立一个可以隔音的

图5.5　希尔学院教师办公室的另一个视角。这一空间不仅鼓励教师之间合作，而且也减少了对教室的占有感，这是创建以学生为中心课程的重要一步。

小房间。学生可以在这个房间做某项动静很大或要求非常安静的作业，也就是与外界社区噪音水平格格不入的事项。

是否有必要设立教师休息室

设立教师休息室很不错，但重要的是先问问你所在学校设立休息室的目的是什么。如果老师上班期间没有别的地方可以会面，可以用教师休息室。然而，倘若老师有专用的办公空间，设立教师休息室就没必要了。

老师可能想拥有一个可以利用午饭休息时间交谈的地方。但老师需要在一个单独的房间里吃午饭吗？他们是否也可以和学生一起分享咖啡屋或餐厅这样的空间？在许多学校，老师和学生一起分享咖啡屋和餐厅，这对创造积极的校园氛围有很好的影响。和学生分享用餐空间，老师可以树立行为模范，创造一个更平和、可交际的、友好的午餐时间，而不是建立师生之间的身份隔阂，反映出老师需要盯紧学生的一举一动，从而在师生之间建立一个大家庭的情感交融氛围。

学校的不同场地也可以提供教师休息室的其他功能。事实上，学校的设计越灵活，老师利用其他空间的机会越多。合作备课和评估可以在教师办公室进行。全体教职员的会议必须在课后进行，这样老师可以使用任何大面积公共区域或会议空间。同样，专门的社交庆祝可以在任何一个没被用来休息或吃午饭的室内空间进行，比如一个学习工作室或多用途的公共区域。见工具栏"现在就动手吧：

给老师提供的低花费专用空间"，里面列举了关于如何给老师创建合作型空间的其他想法。

在普瑞谢尔的玛格丽特·莉特尔纪念学校——澳大利亚墨尔本的一所规模不大的小学里，十位老师在其中一间教室围着一张桌子分享他们的午餐。所有教室都有一个小厨房，有加热食物、煮咖啡、沏茶等设备。学生不管是求助救急还是单纯聊天，都可以在休息的时间进来和大人们问好。这样的氛围非常放松、友好，并且有助于提升学校珍视社区每个成员这一声望。

现在就动手吧：给老师提供的低花费专用空间

无需翻新，你仍然可以给老师提供合作的工作空间。运用你的创造性思维思考，如何节约利用年级办公室，给二到五人一组的老师使用。即使老师还是大部分时间待在他们各自的教室，有了合作的工作空间，他们就能避开学生，开展诸如合作备课和评估这样的活动。

一个想法是把一间大教室的一部分改造成教师办公室，就在里头摆放一张合作时需要的桌子、一个放置老师专业书籍的书架以及一个存放当前教案和试卷的档案柜，一些存放老师私人物品的带锁的小储存柜。上课期间学生可以使用桌子，但下课后的备课和判卷时间归教师团队专门使用。

许多北美学校没有教师休息室，但大多数学校也没有教师办公室、咖啡屋或学习社区可选，现实是每位老师在各自的教室一家独大。马萨诸塞州伍斯特的大学公园学校最初打算在资金允许的情况下修建一个休息室，可是当学校没有休息室也能运转，对休息室的需求好像就没那么强烈了。事实上，没有休息室并不会产生什么消极影响。学校内部规模要求老师在教室制定教学计划及批改作业判卷等，任何教室不归某位教师所有。老师和学生一起吃午饭，由此可见积极的校园氛围。我并没有提倡通过任何方式移除或取消专门给老师设置的工作空间。然而，大学公园学校的案例反映出即便不是刻意而为，通过貌似不大可能实现的方式也能让老师之间展开合作并形成积极的校园氛围。

为老师重新设计空间的底线是容许他们能够将工作做到最佳，如果他们身处同事之间相互关爱的境况之中，可能发挥得更好。

第六章

汇聚人群，碰撞思想
——学校图书馆的角色转换

　　好的图书馆总是个性化学习的地方。图书馆更多是关于学习而不是教课。个体或群体可以在这里做研究，可以提出各种问题，探索每天的突发奇想和一生的热爱。图书馆事实上是整所学校设计的一个很棒的样板。然而在数字化时代，角色受到质疑——如果搜索引擎可以让我们接触所有需要的信息，并且越来越多的书可以在移动设备上而不是在书架上找到，那么我们为何还需要图书馆？

　　本章审视学校图书馆的角色转换及在设计方面妥当地应对。在21世纪的设计规划中哪个地方纳入图书馆，与我们合作的学校分为三种类型：一些学校选择保留并提升他们现有的图书馆；一些学校选择关闭中央图书馆，将图书分散放置在各个地方；还有一些学校选择改变图书馆从而让它变成大型活动中心的一部分。还有一个趋势是建立一系列小型图书馆。然而，当把图书馆资源分散到校园各处，学校仍继续保留大家可以查阅的藏书，为日后恢复集中收藏创造条件。不管学校可能采取何种方案，图书馆的根本品质是给各个年龄段的学生带来欢乐的源泉，而且学校应该付出所有努力保持这些品质。

A 在图书馆/媒体中心可以获取传统纸质资源，而且这样的资源分配到校园各个地方。
B 多媒体展示能够分享实时信息。
C 学习小憩和同伴辅导空间有丰富的媒体和信息。
D 有线和无线网络覆盖校园各处。
E 各种各样诸如懒人沙发和长沙发椅的舒适软座。

图6.1　好的图书馆的特征

图书馆的用途是什么

图书馆的核心不是储藏书。如果图书馆只是用来存放书，那么这个空间就不需要门和架子；我们只需把书放进一个大盒子然后封存起来。图书馆是人与思想联结的地方。所以我们得问自己："思想在哪里？""人在哪里？"（见工具栏"互联网产生前后的信息获取"）。

互联网出现之前，所有人文知识不是存储在人们的大脑里，就是通过某种实体的媒介记录，譬如书本、杂志、日记、电影、CD、DVD、磁带、黑胶唱片、微缩胶片等等。在过去，图书馆作为一个联结人与思想的场所很有意义——把实体媒介归类排序放置在一个场所，让人们找到所需的信息，这样的场所非常重要。

过去的二十年见证了信息创造、储存以及获取方面的重大变革，越来越多的信息与沟通通过互联网进行。这种变革的一个现实聚焦点是图书馆。我不是说互联网毁掉了或将毁掉图书馆。但图书馆需要重大的改变来保持其联结人与思想的目标。

教师兼图书管理员

教育工作者明白互联网搜索引擎可以把人和思想联结起来，但由于多种原因，简单搜索的结果是收集的资料质量不高。没能找到质量高的资料要部分归咎于谷歌——建设网页的人利用谷歌的运算法则为他们的网站生成最大流量，而实际上网站未能提供最好的资源。而且，只是上网搜索信息，学生并没有探索学校内联网及其上学校已经购买的电子资源。然而，搜索有效信息最大的障碍实际上不是

互联网产生前后的信息获取

	人在哪里？	记录的思想和文本在哪里？
前互联网时代	自己在图书馆找资料读	在图书馆、书店、报亭或唱片店
互联网时代	使用电脑和掌上数码设备联网；不需要亲自去图书馆。	上网——可以免费获取资源或由个人、图书馆购买资源；只有成员才能通过内联网服务获取图书馆的资料。

搜索工具而是用户。由于许多原因，学生需要帮助来寻找他们所需的信息，可能是因为他们在搜索方面缺少经验，不知如何从搜索的结果中排除某些类型的网站，或者是因为不能区分信息的好坏。

教育工作者知道搜索引擎不是老师。他们知道谷歌尚且不能利用真实世界和虚拟世界的最好资源来研发基于查询的学习项目，进而引领学生踏上个性化学习的旅程。指导、知识以及创造力如此复杂的结合，需要一位受过特殊训练的教育工作者。在这个能力范围内，教师兼图书管理员是一个理想的职位，跟老师和学生一起学习来帮助他们获取并评估所有相关的资源。这位受过特殊训练的教育工作者也很独特，适合与其他老师合作、利用资源来发展学习单元。关于教师兼图书管理员这一角色，北卡罗莱纳的老师兼图书管理员及博客博主詹妮弗·拉加尔德总结得很好：

未来的图书管理员是一位指导领袖，也是大家的伙伴，与老师、行政人员一起建立学校范围内的资料收藏，这些资料也可以在图书馆外获取，而且挑战传统的信息传递方式。未来的图书管理员构建了这样一个兼备实体和数码空间的图书馆，大家可以在里面交谈、创造以及合作。未来的图书管理员和她的学生写博客、发推特并在网络空间分享他们合作的作品。未来的图书管理员拥抱社交媒体，并用它搭建学生、老师以及世界之间的桥梁。她明白为了满足学生的需求，图书馆必须让大家随时随地都能使用。

拉加尔德继续说，未来就是现在，而效率高的学校图书管理员现在正在做这些事情。

图书馆也是放学后社区会面和开展小展示的好地方。这些潜在的好处现在变得更明显了，学校也意识到图书馆不仅仅是藏书的地方。

虚拟图书馆

一个设计得好的学校容许学生随时随地获取学校的电子书、音乐以及收藏的电影，因为毕竟，图书馆就是专门联结人与思想的。不管学生身处学校的哪个区域，都可以让学生从笔记本电脑、平板，甚至智能手机上获取这些资源。

社交媒体也给图书馆带来一个新的维度。合作和沟通可以远程进行，而且不需要同时在一个地方，图书管理员也可以帮助学生和老师。许多学校的图书管理员现在更多时候使用校内网的信息服务帮助学生，而不是单纯在同一房间给学生提供帮助，这么做的益处在于可以即时记录谈话，并且只需简单地摁下"Ctrl+V"就能分享线上的参考资料。如你所见，图书馆规模变小并不意味着图书管理员的角色变小。

这是否意味着实体图书馆变得没有必要？不是的。纸质版的书仍然生机勃勃，书籍依然出版，父母捧着书为孩子们大声朗读，一些人抱着一本书蜷缩在树荫下或温暖的光线透过窗户洒在书上。然而，人们花在电子媒介的时间越多，他们接触印刷媒介的时间就越少。因此可以收藏的印刷品好像开始变得更少，但也不会完全消失。也就是说，学生仍然可以在Kindle、Nook[1]或iPad上享受阅读，就像他

---

[1] 即美国最大的图书零售企业Barnes&Noble公司发布上市的电子书产品，创新地使用了一块电子墨水屏幕加一块液晶触摸屏的配置。该名为"Nook"，彰显了B&N变革"Book"图书理念的决心。

们正在阅读一本纸质版的书那样放松身心。换言之，图书馆作为一个令人享受、放松的地方是持久的，我们不会因为印刷媒介的缺失而失去这样的品质。印刷材料的减少将释放传统图书馆的空间，而且可以用来让学生做展示以及举办社区会谈。纸质版的书少了也意味着有更多的空间存储电子媒介和学生可以借用的诸如笔记本电脑、平板以及摄影机这样的设备。图书馆空间也可以放置高端的激光切割机和3D打印机，学生可以在图书馆内，也可以在学校的其他地方远程操作这样的设备。

图6.2　图书馆不再是学生可以找到所需信息的唯一场所，但是甚至连传统装备的图书馆都能提供阅读、合作和研究的地方——这样放松、舒适的地方在学校其他区域难以找到。

横贯校园的图书馆

校园四处应该有很多阅读的地方，而不是全校仅有一个纸质版藏书不断减少、空间越来越少有人使用的图书馆。这些阅读的地方应该有舒适的坐席，比如沙发和懒人沙发，应该沐浴在自然光之下，或者通过阅读台灯增加人造光。

也应该能够在全校各处获取资源。随着数码目录和电子书的结合，做到这一点没有问题。要散播印刷资源比较困难，所以学校正在寻找有效的途径。一个选择是设置学习社区内的卫星图书馆，可以让学生使用数码扫描笔查找图书。

卫星图书馆也可能意味着完全淘汰学校中央图书馆。孟买的美国学校正在使用这个方法。学校的小学部坐落在一个六层的塔楼，起初设计用途是写字楼。个性化和独立学习是学校的核心理念，因此允许学生持续、独立地获取学习资源。塔楼的每一层都有自己的媒介资源中心（Media Resource Center，即MRC），老师可以在邻近带有玻璃墙的学习工作室督导。一位图书管理员（具备帮助学生和老师找到适合的纸质版和数字版资源的技能）驻扎在每个媒介资源中心。老师们认为，如果媒介资源中心就坐落在学习工作室的外面，并与更少数量的班级分享，那么他们能够让学生最大化利用图书馆资源。

媒介资源中心给学校和周围的社区各个年龄层人群都提供了资源。在每个媒介资源中心设立一个区域给学生进行一对一辅导。也欢迎父母成为媒介资源中心的重要用户。因此每个媒介资源中心都设有给父母的一系列少量藏书，毕竟侨居国外者感兴趣的许多书在孟买都不太容易获取。此外，资源中心的布置鼓励父母利用接送时间和孩子们一起阅读。

基于学习社区的学校能够在它们主要的学习空间成功地收藏纸质版书籍，因为他们的"教室图书馆"可供50到125名学生随时使用，而且也便于从其他学习社区来"参观"的学生使用，不像传统的教室仅供25名学生使用图书馆资源。

在校园四处分配资源的理论依据是很强大的。就像与计算机实验室相比，在充电排上使用笔记本电脑和平板更受人喜欢（充电排允许学生和老师需要时使用电脑，因此促进个性化学习），把图书馆的功能应用于整个校园也让更加个性化的学习得以开展。倘若把学习固定在一个地方，老师通常得在图书馆预定一个空间让学生做研究，即使不是所有学生在那个时间段都需要做研究。在主要的学习区域（教室、

图6.3　给年纪较小的学生地板枕，从而使得阅读变得更加舒适，而且整个空间看起来更像家。

图6.4　在孟买的美国学校，典型媒介资源中心坐落在每个小型学习社区内。

学习工作室或学习社区）可以获取许多图书馆资源，学生就可以自由地使用他们需要的资源，而不会占用整个班级的空间。

　　这些因素的结合意味着实体图书馆将变得更小或者将会被取消。实体图书馆的规模减小或取消是可以接受的，只要学生和老师仍然能够与思想联结（换言之，不要解雇你的老师兼图书管理员！），还有就是整个学校环境看起来都像图书馆。

如何处理一个未被充分利用的图书馆

　　如果你所在的学校采取上述策略确保学生在他们主要的学习空间持续获取最佳资源（不仅仅是免费的互联网），你可能发现自己身处一个未被充分利用的大空间，过去这个空间常常设置为图书馆。如何处置这个空间？让这个空间继续作为中央图书馆也可以，但随着纸质版藏书数量减少，或许它还有其他用途。比如，里面可以设立一间咖啡屋、一个亲自动手创造的空间，或一个视听录音工作室，这样，这个空间将继续惹人喜爱、鼓励大家创造及探索（见工具栏"没有藏书的学校图书馆"）。

图6.5　在克利夫兰颂歌高中，一座旧图书馆被翻新改造成带有各种家具和无线网络的区域，更像公共活动区。

不过，你可能发现学校的学习社区已具备这些功能，即在学生主要学习空间鼓励这些创意和探索。在这种情况下，图书馆可能被改造成一个学习社区，成为两到四位老师和他们的学生的大本营。如果你所在学校还没有团队教学的空间，图书馆可能是一个容许老师们实践充分合作的好地方。

没有藏书的学校图书馆

没有藏书的图书馆业已存在。德克萨斯州圣安东尼奥市的Biblio Tech是一个完全数字化的图书馆。这座图书馆坐落在一个服务不周全、大部分是西班牙语裔居民的社区，但却成功运转。2013年秋，图书馆开放一万册电子书、有声书以及软件培训数据库，图书馆会员可以远程获取这些资源。然而，Biblio Tech并没有取代实体图书馆，其特色项目协调员劳拉·科尔说："我们的数字化图书馆使用云储存，因此你不用过来取一本书。但我们还是一个传统图书馆，整座建筑是一个重要的社区空间。"

我没打算在这本书里推荐没有藏书的图书馆，但关于Biblio Tech的一些元素学校可以立即上手采纳：

■　提供基本的电子书阅读器给没有该设备的学生。

■　允许学生借阅尽可能多的电子书——甚至是那些学校里可能有纸质版的藏书。

■　给学生提供校内高端科技入口，以及在放学后的时间段为社区居民上数字化通识课。

■　作为一个令人放松、舒适的地方，让学生学习、上网调研及安静阅读。

布鲁克林的106公立学校把一个未被充分使用的阁楼改造成一个光线充足、迎候来访的图书馆。就这个新空间与整所学校之间的关系而言，它并不独特，但图书馆作为一个美丽而又具启发性的空间，地处一座其他方面功能局限的、传统的教学楼，却是一个好例子。经过改造的阁楼可以让两个班级一起学习，并且通过设计鼓励学生在那里探索自己的研究兴趣，开展独立学习或小组学习，这样的空间校园里为数不多。阁楼位于中层、需要爬楼梯，从而给人带来不一样的感觉及对空间的兴奋感。弧形墙壁上的对话泡泡鼓励学生的进一步提问。

社区图书馆

社区图书馆也可以成为学校很棒的资产。熟悉当地图书馆的纸质版藏书和电子资源以及如何获取这些资源，这是一项技能，即使学生完成正式教育，还会用到该技能，并把利用图书馆当成一种习惯。再者，借阅者越多和多种资助渠道意味着图书馆可以购买更多的资源。如果当地社区图书馆就在学校隔壁，你可以考虑合并两个图书馆。如果社区图书馆距离学校很远，可以找一些办法让学生能够获取图书馆的电子书资源。

学校和社区图书馆合作是有意义的，但从逻辑上讲并不简单，因为学校和图书馆几乎总在不同的管辖范围内，有不同的资助方式。学校和社区共享图书馆也可能产生安全问题，比如学生——尤其是小孩——和社区成人读者同时共用图书馆。尽管如此，分享的益处常常值得我们付出更多时间与努力来解决理论上及操作上的问题。

　　在澳大利亚阿德莱德的一所小学——莫森湖畔学校，当地图书馆同时也作为学校的图书馆。该中心于2005年建立时就意在把图书馆设计成共享空间，同时由教育部门和当地政府资助。

　　这座共享图书馆一直非常成功，比如让学生得以获取非常广泛的资源，但它的缺点是学生不能在任何时段自由地获取图书馆资源。为了解决这一局限，学校也在四周建立了配备图书的阅读区及阅读角落，这样学生可以随时获取图书。图书馆共享运行得很好，确保学生独立学习时能够更快地获取电子书和纸质版图书，也可以在图书馆开放的时间获取范围广泛的材料。

　　学校和社区共享图书馆的安排对年纪大一些的学生效果也不错。许多高中和大学地处同一个地方，所以学生也可以使用大学图书馆。

图6.6　在澳大利亚的莫森湖畔学校，当地公共图书馆也作为学校图书馆使用。

学校图书馆的未来

维持一个用处不大的空间没有意义。要弄清楚对于图书馆而言最重要的是什么——一位专业的老师兼图书管理员、可获取的资源、充足且安静的阅读空间——以及确保学生和老师随时随地都可以享用这些元素。为了达成这个目标，你可能需要一座图书馆，但让思想更开放一些，你所在学校的其他空间也可以更好地实现目标。工具栏"现在就动手吧：为学校图书馆翻开新的一页"总结了一些想法。

许多年来学校图书馆都是运行自我管理的借阅项目。年纪大一些的小学生、初中生以及高中生完全能够自己借书。没有必要在存放图书的每个房间每个门都安装射频识别系统（RFID）。当然，可能会丢失一些书，但比起每年丢失的书，建立大规模安全系统的费用可能更多。

至少到目前为止，纸质版材料将与电子版媒介共存。但是大家越来越倾向从纸质版图书转向便携式电子媒介，哪怕不是上百本书，也至少可以在电子设备储存二十几本书，放进背包随身携带。因此，尽管必须重新设计图书馆，让信息、资源得以持续转向电子媒介，但图书馆仍然可以作为一个舒适的地方为大家服务。

最后，随着电子设备的价格大幅度下降，学校可以针对传统图书馆这一空间做一些与时俱进的设计改造。图书馆不再是消极吸收内容的地方。在改造好的图书馆里，学生可以利用诸如杂志、书籍、纪录片、微电影，甚至APP和其他软件等纸质版和电子版媒介积极地创造。

现在就动手吧：为学校图书馆翻开新的一页

你可以根据身边的资源，对你所在学校的标准型图书馆做以下的改变。这份清单从最简单的改变开始，以最难的改变结束：

1. 如果房间大小允许，而且老师们很热心，鼓励将图书馆资源分散到各个地方，将图书带到教室。用最少的花销就能开发基于教室的迷你图书馆，而且因为家长和当地商业机构的捐赠，经常不用额外花钱。

2. 在图书馆开发随意的阅读空间，这些空间吸引人而且舒适。沙发是每座图书馆的必需品。一位老师等待新家具打造的过程中，可以一张二手沙发开始，翻新她的学习空间，新家具中包含儿童大小的软座，却没有沙发。直到沙发被搬走，老师才意识到沙发是不可取代的，因为对于小学生而言，它就像一块磁石，吸引他们和父母一起阅读。布袋椅不贵而且感觉惬意，你可以花钱买好几个都不会占用太多空间。买几个吧！

3. 请两位老师当志愿者，在一个学期期间使用图书馆替代他们的教室进行教学。如果你所在学校没有两室一屋的教室，这个方式非常有用。

4. 将图书馆资源分配到校园各处——尤其在公共区域，这样可以随时随地阅读。

5. 重新设计你所在学校图书馆的内部空间，在里面建立多媒体录音工作室。许多传统图书馆跟计算机实验室关联。随着使用无线联网的笔记本和平板的人越来越多，这些实验室很快变得过时了。一个利用这个空间的好方法是扔掉旧的台式电脑，重新设计房间，使之变成一个媒体制作和录制的工作室。一面墙可以粉刷成绿色，作为制作品的绿色背景。根据能够获得的资助，学校也可以考虑在这一空间增添一个现场播音的工作室，这样学校可以有自己内部的广播台或电视台。

CHAPTER SEVEN　**第七章**

走出教室
——到户外去学习

　　既然这一章节关于户外学习，市区的学校和小规模的学校可能推断这个讨论对它们来说不适用。事实远非如此。生活在市区的学生更需要与户外和自然场景关联，因为这些年轻人可能几乎都遭受"自然缺失症①"。《纽约时报》的一篇文章阐述了一个有影响力的观点：蒂莫西·伊根对创造这一词条的理查德·洛夫大加赞许，并引用洛夫2005年出版的书《树林里最后的孩子》中的文字，"在户外玩耍的孩子生病、感到压力或变得极具挑衅性的几率较少，他们更能适应生活中意料之外的转变。"这一章节里的讨论、建议甚至许多户外学习的具体例子对市区和郊区学校同样适用。

---

① 自然缺失症是由美国作家理查德·洛夫提出的术语。英文为nature-deficit disorder。指当今社会一种危险现象，即儿童在大自然中度过的时间越来越少，从而导致了一系列行为和心理上的问题。

自然对人类发展的重要性

我的建议是学习空间应该从视觉及环境这两个方面与自然关联，蕾切尔·卡普兰和斯蒂芬·卡普兰提出的注意力恢复理论支持这一观点。如第一章所述，该理论提供了一个框架，认同带有"软魅力"的环境对认知修复和表现的益处。"软魅力"是指无需特意关注就能观察到的场景或物体，比如，树叶在风中飒飒作响，小溪的流水与鹅卵石，或者在空中缓缓移动的云朵。

若干研究已经指出与自然关联有助于缓解认知疲劳、提升个体注意力。类似的研究表明与自然的互动对于注意力不集中或多动症

图7.1 户外区域富有想象力的用途：在佛罗里达卢茨，学习之门社区学校的户外广场上，孩子们正在打鼓。

的孩子来说也有益处。个体对安全水平的觉察以及有机会身处可以沉思和反思的环境也被认为具有修复的益处。

塔拉·帕克-波普在《纽约时报》发表的一篇文章，引用伊利诺伊大学乌尔巴纳·香槟校区景观和人类健康实验室的一位儿童环境和行为研究者安德里亚·费伯·泰勒的话说："我们提倡孩子们可以从教室看到绿色空间。我们对公共住房的孩子们做了调研，结果显示看见绿色空间的孩子们表现得更好。"

在上课时间路过任何学校，你经常会感到吃惊的是一个到处都是孩子们和年轻人的地方却如此安静。不仅听不到学生的声音，而且也很少见到他们的身影。可能正好某个班级在庭院玩有组织的游戏，或者体育老师正在校园的某个地方给学生上课。除此之外，毫无生机。99%的时间都在室内学习。为何如此安排呢？对于一个主要关注点在于提升孩子们探索世界的能力的机构，探索却几乎总是在四面墙内进行，这样的意义何在？传统的学校设计没有给老师提供多少机会把学习活动完美地拓展延伸到教室之外。甚至在那些少有的案例中，适当的户外学习区域创建之后，也没能保证老师使用这些区域。户外学习可能被认为优先级别比室内学习低，尤其是如果没跟课程或考试内容明确地联系在一起。

尽管如此，研究结果指出了为何户外学习应该融入学校日以及学校设计的一系列原因。最近的发现表明：

- 带有多动症的孩子与自然接触后能够更好地集中注意力。
- 在多种自然环境中玩耍可以减少并消除校园欺凌现象。

● 大自然帮助孩子们发展观察力和创造力，并渗透了对和平及与世界成为一体的感知。

● 在自然世界早期的经历与想象力和好奇心的发展积极地联系在一起。

● 好奇是毕生学习的一个重要激发因素。

● 在自然中玩耍的孩子们对彼此有更积极的感情。

● 孩子们户外时间的减少正导致发达国家近视率的增加。

● 户外环境对孩子们独立性和自主性的发展是重要的。

那么，关于学习环境的设计，所有这些都告诉了我们什么呢？我们应该考虑以下几点：

● 通过可视户外景观以及与诸如露台、花园和游乐场地等户外空间联结达到与自然联结。甚至在人口及建筑密集的市区（或许在这样的地方更应该与户外空间和自然联结），与自然的联结也很重要，这一点可以通过安装能够看到天空的大窗户来实现。见工具栏"在市区的户外学习"。

● 若在外面看不到绿植，可以带进一些到室内。在室内窗台上摆放一些植物。

● 与自然的联结也包括饲养班级宠物。在室内腾出一些空间给诸如小仓鼠、乌龟或兔子这样的小动物，找个地方放玻璃鱼缸，在里面养一些有趣的、多姿多彩的鱼，让学生照看。

● 在教室设置"洞穴"空间，学生可以避开人群，在里面反思。

● 确保与自然联结的非正式学习区域是安全、舒适且令人感到宾至如归的。

自然与教育策略

考虑一些合理规划户外环境的方法，支持第一章列出的六种教育策略。

以学生为中心的学习意味着学习变得个性化并且学生得以自己掌控，因此孩子们并不在同一时间做同一件事。一个与室内毗邻、得以学习的户外空间，让学生短期或长期的项目享有更广阔的机会与灵感。

科技融合可以在户外空间实现。在室内可用的素材很有限，相比之下，户外为摄影和录像提供了丰富的素材。随着无线网络的范围和带宽不断拓展，加上费用的降低，和教室紧邻、有遮蔽的户外区域为学生提供了令人愉悦、较少干扰的地点，学生也能使用诸如笔记本电脑、平板和智能手机等移动科技开展学习。户外学习也让学生接触到一些或许不能在教室里使用的科技。在户外，学生可以熟悉诸如测绘仪器、水与土壤的测试仪器等工具，甚至一些诸如日晷和风向标等更古老的"科技"。

通过**灵活的日程安排**，热衷某个项目的学生不会被45分钟课程结束的下课铃声强制性地打断他或她的工作。兼用户外空间及室内空间可以给学生和老师提供更多的灵活性，不管铃响与否，甚至当另外一群学生走进室内空间时，都能学习工作。

创意使用室内外互通的空间允许**教师合作**。比如，两位老师可以做以下安排：一位老师在室内和一小群学生一起学习、开会或进行圆桌讨论，而另外一位老师在户外督导学生学习。

具备功能性且美丽的户外空间有助于培养一个**积极的校园氛围**，因为它们让学生得以放松和反思。罗宾·摩尔1996年的研究揭示，在自然中玩耍的孩子们对彼此有更积极的情感。因此，重新培育或提升校园的自然特征对社交和情感的发展是重要的。

显然，功能性户外学习空间更有力地支持第六种教育策略，即

在市区的户外学习

在这一章的前面讨论过，市区的孩子比郊区或农村的孩子更容易罹患自然缺失症。尽管如此，市区的学校却很少有机会让学生到户外去，与自然交流。许多市区校址都是高层建筑，没什么空间作户外绿色区域和休憩场所。然而，发挥一点想象力，花最少的费用就能够把未被充分利用的区域改造成户外活动区。我给市区学校的建议是从小处着想，比如一小块蔬菜地、小鱼塘、小席座和阅读区或小喷泉。在根本就没有空间开展户外学习活动的地方，考虑使用学校教学楼的屋顶。在屋顶的学习可以包括蔬菜园、天气站以及遮有天篷的地方给个人或小组做活动，比如阅读、调研、独立学习和团队合作。这里提供了两张在梅多代尔中学和圣马丁·德博雷斯高中拍下的小型户外区域的图片，描绘了如何在空间紧张的市区创造户外学习的机会。

与自然联结。把室内与户外空间联结起来只是该策略的一个因素。保存和提升校园的自然特征，包括地貌、水道、树木、灌木，则是另外一个因素。

户外环境与学习形式

第三章讲解的二十种学习形式当中，没有一种不可以在户外开

图7.2　在华盛顿林伍德，梅多代尔中学的这个户外自然实验室通过在绿植中创造一条狭长的通道，使得学生的隐私不被邻居干扰。

图7.3　在克利夫兰的圣马丁·德博雷斯高中，学生负责养护一个市区花园，让当地居民受益。

展。公平地说，如果天气太冷或下雨天，你可能不想在户外进行任何一种学习形式，但若是温和或暖和、干燥的天气，每一种学习形式都可以在户外进行。而且一些例如自然主义学习这样的形式，在户外比在室内进展效果更好。

所有可以在户外进行的不同类型的学习归为以下三类：

● 游戏：肢体运动的协调性、创造力和社交技能在户外的游戏中得以发展。

● 实地考察（对外面世界的研究）：在户外，学生可以亲自考察构成世界的自然和人为的过程与设计（而且，讽刺的是，科学、地理和社会研究课本上都是这样的内容）。

● 从室内走出去：基于电脑或课本的学习，学生通常作为个体、结伴或形成小组在室内进行，但一年当中大部分的天气里也方便在户外进行。

这三个类别让我们为每个更广泛的学习目标仔细思考不同的设计要求。以新的方式思考学习让我们不再因为外界环境"太冷"、"太潮湿"或"太热"而忽视它的用途，因为我们将思考什么样的学习不会受这些气候因素的影响。

譬如，如果室外温度60华氏度①，一动不动地坐着会令人冷得难受。然而，当天气不错时，可以让身体动起来，体育活动可以包括锻炼肌肉的游戏及户外实地研究。

---

① 相当于15.5摄氏度。

为游戏设计

　　游戏是一种重要的学习形式。游戏也是最古老的学习形式，因为我们就是从游戏发展到学习的。由于儿童肥胖症比例的增长，游戏也越来越重要。

　　澳大利亚心脏基金会于2012年对儿童开展调查研究，发现孩子们在想玩的游戏中不希望受到过度保护，相反，他们喜欢弄脏自己："从小山丘滚下来、跑上去、滑下来……攀爬岩石、隧道，……用树枝和叶子建造树屋、小房子和社区艺术。水是必不可少的。"心脏基

图7.4　为游戏设计：比起规划好的操场，一个未被规划、带有各种自然元素的区域更能激发富有创造力的游戏。

金会的发言人说："他们时常想在玩乐的地方遇到挑战，而且希望感到有点刺激和害怕。""他们想建造东西，所以我们得提供可移动的部件、废弃物，……不用吹风机把所有树枝都吹走，甚至种植树木让它掉下树叶。"跟你在多数操场看到的普遍使用的塑料滑梯及孩子们攀爬的单杠比较而言，这是一个相当不同的画面。

游戏的空间应该提出开放性的问题。它们应该促进富有想象力的回应。它们应该在游戏者和自然环境之间形成关联。如果你渴望投资改进学校的游戏空间，在从一个产品目录急切选择一个现成的攀岩馆之前，考虑一下从零开始构建游戏空间会不会更好。在网上可以找到很棒的灵感——一些博主收集的关于世界各地游戏空间的图片及反馈。如果可以的话，聘请一名专业设计师，但更重要的是，让学生参与到设计过程中来，你的专业设计师可以跟学生一起工作（见工具栏"成功的游戏空间"）。

为实地研究设计

学校设计需要支持当前教育文献在项目和体验式学习方面的主张，即亲自动手、积极的及终身学习的重要性。实地研究可以通过感官观察在市区、农村或自然环境中收集第一手数据。实地研究可以简单到比如两岁的孩子在指尖上感受沙、泥土和雪的不同，或五岁的孩子细数校园里有几棵树，抑或十岁的孩子拍摄一只鸟筑巢的习惯。考虑到比起被动的活动，诸如此类亲身实践的活动对于终身学习而言更有效，学校需要重视实地研究并设计区域支持这一关键

成功的游戏空间

这是Play England这一机构提供的一组与游戏相关的十个有用的设计原则：

成功的游戏空间——

- ☐ "量身定制"（满足学校和场地具体需求的设计）
- ☐ 位置理想
- ☐ 利用自然元素
- ☐ 提供广泛的游戏体验
- ☐ 残疾和非残疾儿童都可以参与
- ☐ 满足社区的需求
- ☐ 允许不同年龄的孩子们一起游戏
- ☐ 构建机会体验风险和挑战
- ☐ 可持续，并且得到安善维持
- ☐ 允许改变与发展

学习形式。

在校园里设计实地研究主要意味着维持和提升校园自然环境的特色之处（见工具栏"现在就动手吧：充分利用你的户外空间"）。水道是实地研究一个非常棒的资产，可以重新栽培绿植给本地的鸟儿和其他动物提供一个栖息的地方。有树林的地方常被清理，从而使土地得以开发，但这样的区域可以成为很好的学习场所。事实上，德国森林学校运动的支持者专门寻找森林，在森林里建户外教室。不要被森林这个词吓到了。在许多较小一些的市区校址，一个小树林可以支持自己的生态系统，这是值得研究的。

即使校园没有这些环境，一所学校还能够利用毗邻和附近的公园。可以为新学校开发选择地点，把附近的公园考虑进去。

在早期的童年时光，户外实地研究看起来非常像游戏，因为蹒跚学步的婴儿和学前儿童有时间和空间使用所有的感官、自由地探

图7.5　为实地研究设计：比起一大片的柏树和青草，学生对探索及研究树林和池塘里的野生物更感兴趣。

现在就动手吧：充分利用你的户外空间

如果你不十分了解你所在地点的气候及所在学校的建筑，暂且不论你可以获取的资源，关于如何提升户外区域，从而支持不同学习形式及六种教育策略（以学生为中心的学习；教师合作；积极的校园氛围；科技融合；灵活的日程安排以及与环境、社区和全球网络联结），我能够提供一些建议。根据可利用的资源，你或许可以采纳这份清单上所列出的建议，从最容易的改变开始，以最难的改变结束。

■　在一些情况下，你可能有合适的户外区域但没有使用。作为一名学校设计师，我常发现诸如此类的案例，所以学校应该把户外的学习体验积极地融入学生的日常学习当中。有时老师忘了校园是他们可使用空间的一部分。通过使用教师休息室的告示牌、社交媒体或内部邮件来聚焦正在进行的户外学习的机会或活动，从而促进一些户外活动的开展。

■　让学生利用你所在学校的户外区域开展一项研究。对学生和老师进行问卷调查，并使用观察法绘制一张图，看看户外空间使用了多少，给哪些活动使用，尤其是给什么样的游戏使用。找出阻碍你的学校社区更频繁户外活动的原因。通过问卷调查的结果帮助你做决定。

■　如果有与教室毗邻的户外空间，确保这样的空间得以使用。这意味着不要锁门，把户外现有的桌椅搬到督导老师可以从窗户看到的地方。

  ■ 如果你所在学校的一些室内学习空间和户外学习空间紧挨着，但没有怎么使用，考虑如何把这些区域改造成对于教学更加有用的空间。比如，一小片绿色区域可以变成一个蔬菜园，一个紧挨着教学楼却未被使用的户外区域，只需要一些合适的桌椅就能利用起来。

  ■ 对你所在学校的户外游戏设施做简单的改变，让游戏变得多样化并且适合不同年龄段的学生。可以从简单的改变开始，比如，提供一些材料和一个专用的空间来建筑堡垒。如果场地没有树木，安装能够支撑堡垒的固定直立杆。这可能意味着需要提供各种诸如桩子之类的轻便器材来玩游戏。

  ■ 在你的校园里寻找机会创建户外学习露台。不管是在现有的花园、庭院或教室外面的阳台，你都可以在这样的地方放置一些户外使用的桌椅，从而创建户外学习露台，如果有必要的话，在室内和户外之间安装一个玻璃窗。如果没有门，或许可以安装一个。让学生尽可能多参与设计及商议。

  ■ 在校园里增添更多的绿植。让学生研究你所在地区的植物，并请一位当地树艺家来修复学校地面未被使用的区域，模仿原生态环境。你可以在任何地点做这个项目，甚至是在市中心，在市区最终呈现的效果最显著！增添绿植给学习带来若干益处——对当地进行科学和地理方面的研究、亲身实践，包括培育植物，未来的益处就是实地研究时可以就地取材，以及成为一个天然的游戏场所。

■ 用大型的车库风格的门或折叠门——天气允许时可以一直敞开——来取代实体墙、窗户以及小门，从而在校园内加强户外和室内的联结。尽管对安全和逃学的顾虑可能有时限制了这样的联结，但在天气允许的情况下，完全敞开大门是个不错的主意。这样学生不仅可以呼吸新鲜空气，变得更加健康，而且空气的流通也减少了能源消耗，同时也拓展了走出教室到户外学习的机会。

索与观察自然环境的品质。在小学期间，可以开始以提问为主来研究自然环境，让孩子们对当下户外可观察的艺术和科学有更多理解。这样的活动是教育每个孩子珍贵的一部分，了解这一点学校设计师可以和教育工作者一起设计合适的户外学习环境。

澳大利亚阿德莱德的斯科特溪小学，环境俱乐部的学生在毗邻的森林（或叫作灌木丛，当地人都这么叫），为其他学生以及当地社区的成员开发了一条自然探索之道。在小道上的每个站点探索树丛的一个元素，分享该地点的情况并解释小组重新开展绿植的项目。

实地研究一般非常活跃，而不是一直坐着不动。这样的活动，除非气候非常恶劣——一年中最炎热及最寒冷的几十天——几乎所有时间都可以开展。

"从室内去到户外"的设计

当你想起户外教室时，一般跳入脑海的是从室内到户外的学习形式。它包括席地而坐、阅读、反思、写作、绘画、聊天和吃饭。想到静态的活动，而不是动态的活动。想到正式和非正式的展示。想到桌子、椅子、凳子、舞台和阶梯。因为阅读、反思、展示等等属于比较静态的活动，它们不适合一年四季都在户外进行。然而，我想讨论的是除了在地球上最寒冷的地方，为户外学习区域投资非常值得。在芬兰的赫尔辛基，平均最高气温是9摄氏度，那里的许多学校都设有户外席座。一般会认为学生在最寒冷的天气不会外出很长时间，而且外出时孩子们都会穿得很暖和，但芬兰的例子揭示了居住在气候更温和一些地区的我们绝对也能用得上户外设施！在炎热的气候，也可以花些心思充分利用户外的空间，使户外空间的设计令人感到非常舒适。

图7.6 "从室内去到户外"的设计：各种可选的户外席座鼓励学生在新鲜的空气和阳光里阅读和学习。

圆形露天剧场。圆形露天剧场是从室内到户外学习形式的一种选择，但它们也可以用来做表演戏剧的场所（正式的和非正式的戏剧表演都可以使用）。圆形露天剧场是学校的一个美妙而功能多样的资产，可以是非常大的空间或给小群体使用的私密空间。圆形露天剧场可以简单到花园围墙下的一条弧形长凳。大的圆形露天剧场，比如斯沃斯莫尔学院的司各特植物园露天剧场，本身就是令人惊叹的地方。

学习露台。学习露台这个词常被用来指户外隔间，与教室、学习工作室和学习社区毗邻，带着一扇门还有两个大窗户。室内外联结是重要的，因为这样让一些学生在里头学习，另一些到外面学习，而一位老师或几位老师督导室内外的所有学生。如果露台不是坐落

图7.7　这个位于学习社区外面的露台被用于诸如阅读、吃午餐以及学生亲自实践等令人放松的活动。

181

在方便督导的地方，根本不可能用来开展学习活动，因为老师不允许学生在无人督导的地方学习。

成功的学习露台备有一些给学生坐下学习的桌椅——一张可以供四人使用的桌子是一个好标准，但也可以结合其他合适的户外元素，比如类似小酒馆的圆桌和野餐桌。选择户外露台的桌椅时，你可能会遇到的问题是如何保证家具完好，尤其是当校园是开放的。市政公园一般使用固定住的桌椅，类似这样可能不那么舒适，也不够灵活，缺少创造性，但却减少了校外社区破坏公物的行为。因此，权衡利弊，固定型家具一般会更受欢迎。

学习露台的地点也很重要。在北半球，教学楼的南面可能一天都能享受温和的阳光。在暖和一些的天气，有遮蔽的学习露台更受欢迎。吊顶风扇可以达到不错的效果，并且延长了白天户外区域的使用时间。

之前和之后：学习露台

图7.8　之前：佛罗里达坦帕希尔学院的中学部。窗户很小，而且对户外区域没有加以利用。

图7.9　之后：这个区域改造后，添加了大型窗户和门，以及木露台和户外桌椅。露台上有可以遮蔽的凉篷，白天的时候可以延长户外区域使用的时间。

图7.10　之前：在希尔学院小学和图书馆之间的这一块小小绿色区域，很少有人能进去，而且完全没有利用起来。

图7.11　之后：这个区域被重新设计成一个学习露台。它面朝校园的一个新的公共活动区以及图书馆，可以用来做户外阅读和实践活动。

CHAPTER EIGHT　**第八章**

从餐厅到咖啡屋
——庆祝社区活动

人们喜欢聚在一起，一边吃喝，一边交谈。在学校，这种把餐饮作为社交活动的天然人性受到扭曲。相反，我们创造了一种等同于喂食站的场所，在那里后勤保证在Y分钟内喂好X数量的学生，这样所有关于设计的决定都不用考虑。

不管是六种教育策略还是四种设计原则，在大多数学校的餐厅设计上都没能体现。这一章节将探讨学校餐厅的设计和重新设计如何支持六种策略。设计一间餐厅来支持以学习为中心这一策略将让学生在校期间都能够利用这一空间进行个体学习和团队合作。科技融合将允许学生自由使用无线网络来完成班级项目和网络调研。灵活的日程安排将允许学生需要时吃饭，而不是要求在指定的时间内完成吃饭这件事。设计得好的餐厅将促进教师合作，即设置一些区域让老师会谈或与学生合作。餐厅也是社区活动很好的场所，同时也能通过户外露台和花园与大自然联结。

如果学校餐厅的设计满足了四种设计原则，上述的教育策略也能够更好地实现，如此餐厅将会（1）令人宾至如归，（2）具备多种功能，（3）支持具体的学习活动，以及（4）传递关于身份与行为的积极信息。让我们具体看看如何确保这四种设计原则的实现。

图8.1　令人宾至如归的餐厅的一些特征

让学生感到受欢迎

想想你最爱的咖啡馆。我在这里说的不是学校餐厅。我的意思是你喜欢去那里喝咖啡或吃午餐的地方。你喜欢的这些地方都是什么样的？这里是我的个人清单——你的喜好可能有所不同。

- 高品质、新鲜食物和饮料

- 个人服务——职员认得我

- 有沐浴着阳光的窗边席座，这在冬天尤其重要

- 有个地方可以让人坐在外面，但感觉还是咖啡馆的一部分

● 舒适的椅子（包括沙发）和桌子

● 可以坐下的温馨角落，在那里我可以看到人们进进出出

● 我的笔记本电脑可以插上电源

● 免费的无线网络

● 从美学角度来看室内设计令人愉悦：墙壁上挂着有趣的艺术品，各种有趣的灯光设施，没有丑陋的、机构性质的海报

● 一个让我感到受欢迎的小空间，就像我是在房子里而不是在谷仓，而且传递出一种具有独特性的感觉

想象一下你是校区一间咖啡馆的新主人。你需要深思熟虑才能让你的咖啡馆吸引当地常客。这也是设计令人宾至如归的餐厅所需要的思维方式。

学校可以通过几种方式使得它的餐厅更加令人感到惬意。可以把带有机构特征的桌子换成大小不同的桌子。其他的变化包括增添柔和的色调和提升灯光与音响效果。把较大的空间拆分成几个更温馨的小空间，而且可以用不同的主题装饰每个小空间。选择适合孩子们身高的家具让他们感到自己受欢迎。如果你所在学校有不同年龄和身高的孩子到餐厅就餐，为何不选择让孩子们都感到受欢迎的家具呢？

尤其是在小学，但也可能在所有学校，餐厅变成一个令父母、老师及学生都感到宾至如归的空间是有意义的。孩子们和父母在上课前或学校开放期间可以在舒适的沙发上一起阅读。家长教师协会（PTA）活动也可以在餐厅里举行。

确保多用途

通常，学校餐厅是根据所有学生需要在同一地点吃饭这样的假设设计的，但实际上很少有这样的情形。而且一间专用餐厅一天只使用两到三个小时，学生没有利用这一空间学习，因此没有多大意义。这一闲置的空间对于投资的回报非常少，即使你所在学校很幸运地享有这笔投资。

有一个相对原始的尝试，让这些闲置的大空间用途更广一些，即把餐厅家具收拾、储存起来，从而创造一个没有桌椅的大型空间供集会、游戏和类似的活动使用（提到多功能区域人们常常想到那些兼作餐厅、体育馆、礼堂的地方）。这样的安排确实创造了灵活的空间，但结果是两样功能都难以实现。可折叠的家具围坐时人数众多，可以坐下8到12名学生，而且坐上一段时间就感到不太舒服。再者，把桌椅收拾到一边，仍然占了很大的空间。

考虑一下如何不用怎么挪动家具，餐厅就能成为开展系列学习活动的地方。传统的全校餐厅对于这个多功能用途而言太大，所以效果不好。一个更好的选择是在校园里建立一些小咖啡馆，每个咖啡馆可以容纳120人左右，人数若能更少一些更好。这样的餐厅将有助于空间实现多用途，因为学生、老师和父母在就餐以外的其他时间都可以使用。如果你正从头开始设计校园，餐厅规模的改变最容易实现，不过，如果是校园翻新，如这一章展示的，也可以做一些较小的变动。工具栏"现在就动手吧：如何改善一个标准的餐厅"

提供了一系列的想法，从简单、经济的到大幅度的变动。

从一间餐厅到许多咖啡馆

把单一的餐厅改成分散在校园四处的小咖啡馆可以解决许多问题，从而实现餐厅的多用途。中央厨房可以为所有咖啡馆提供食物，但如果餐饮设施遍及整个校园，那就没有必要让所有学生都集中在一起吃饭。

校园里若设有若干学习社区，就自然会有一系列社区各自提供餐饮服务。分开的学习社区咖啡馆只能给自己的社区成员提供食物，这样社区成员对空间更有归属感。并且，由于距离社区教学空间很

图8.2　在这里，一间卫星咖啡馆同时作为小型公共活动区，具备一家高档咖啡馆的所有舒适之处。

图8.3 在明尼苏达的克里斯托·雷伊耶稣会高中，没有中央餐厅；每一个楼层都有一个就餐的区域，由中央厨房提供食物。

近，咖啡馆可以用于非正式学习、社区会谈或休憩。如同商业咖啡馆常常坐落在写字楼的入口处，人们上下班都可以打个照面，在每个社区的入口处建立一个餐饮空间是有意义的。

即使在校园内没有学习社区，这里有一个花销相对较少的选择，即在每座教学楼的入口处翻新空间，改造成一间咖啡馆。在传统设计的学校，你可以在全校策略性地选择几间教室，每间教室靠近走廊、入口或楼梯间，然后移除（走廊和教室之间的）墙体。在教学楼的底层，外部的墙壁也可以改成大型玻璃门和落地窗，并在外面建造一个露台。

诚然，这一转变涉及重大的资金、建筑及操作方面的问题。比如，把卫星咖啡馆建在有自来水的地方会更好些。尽管如此，但也可以重新利用先前没怎么使用的空间，比如过道、户外及教室，这些空间在午餐时间都被闲置。移动的食物储存和加热器可以把食物从中央厨房运到卫星咖啡馆。每五间教室当中选一间改造成一个更加开放、类似公共活动区的休息室兼餐饮室，大家从各个方向都能进入这一空间，大多数高中都可以做到这一点，而且不会影响日程安排——可以在这样的空间上许多课程。而且旧餐厅的许多空间也可以重新用于学习。

如果职员安排和督导上有问题的话，让学生签字，将每天的饮食都派送到各自的咖啡馆，明尼苏达德鲁斯港口城市国际特许学校就是这么做的。如果每间咖啡馆也给老师设立一些空间，老师一边与同事共进午餐，一边照看学生，这样老师就不会觉得督导是一项任务，而是乐意为之。

图8.4　印度尼西亚的希拿马斯世界学院则有中央餐厅（如图），学校也在校园各处建立了许多小型就餐区。

选择可以让学生独立学习或开展小组学习的桌椅，这样吃完午餐就不用把桌椅堆放到边上，开展学习活动时可以使用就餐的桌椅。咖啡馆的装备应该包括软座、桌椅。

明尼苏达克里斯托·雷伊耶稣会高中在咖啡馆布局方面就是一个很好的例子。一个中央厨房为学生准备食物，学生分别在校园的四个地点就餐。学生在自己的学习社区吃午餐。餐饮空间设计成与社区教室毗邻的多功能聚集区。这些区域里摆放各种类型的家具，包括配有吧凳的小型高桌，供四到六人使用的标准桌，配有咖啡桌的软座。这一空间还配有学生的储物柜，以及进入所在学习社区的所有教室和其他学习空间的入口；没有过道，所以没有浪费空间。

如果你熟悉学习社区的概念，你将看到在每个学习社区创建一

图8.5　德拉姆的杜克学校的学生自带午餐，在这个公共活动区域就餐。

间咖啡馆会让整个社区如同家一般。克里斯托·雷伊高中的咖啡馆就是这样运作的。

印度尼西亚的希拿马斯世界学院在新校园保留了中央餐厅（2008年建立），但也在校园里建立了一些零散的小型餐饮区。因为学生可以在靠近他们学习社区的这些小餐厅吃午饭，所以学校有空间让大部分学生可以同时就餐，免去大家在主餐厅二十分钟内就得吃完饭的压力。

现在就动手吧：如何改善一个标准的餐厅

你可以根据拥有的资源，对你们的标准餐厅做以下翻新，从最容易的开始，最后一项是最难做到的变动：

■　就餐期间，在餐桌上铺上一大张白纸（可以在上面画画）作为桌布，在每张桌子中央摆放一个小篮子、刀叉、盐、胡椒粉以及餐巾，甚至是从学生管理的厨房花园采摘的一朵小鲜花（见工具栏"聪明的想法：厨房花园"）。

■　允许学生在上课期间使用餐厅完成小组项目的会谈和个人学习。

■　给学生提供若干可以带到外面的野餐垫，天气好的时候，可以进行"野餐"或只是席地而坐、在户外学习。

■　在餐厅配备一个小书架，放置一些可以交换的二手书、每日报纸以及适合各个年龄段的杂志。不要为丢失的书烦恼（购买二手书，并鼓励学生归还借走的书或从家里带一本过来也可以）。一位睿智的校长曾经说过，如果图书馆所有的书都被偷走了，他会很开心，因为这证明了学生对文字的喜爱。让学生参与咖啡馆的运营。可以通过任何形式参与，比如，从擦桌子到种植咖啡馆使用的产品、制定菜单上的食物或自己做饭。我们提出这个建议时，学校人事部门经常指出实施这个变动的所有障碍，但世界各地许多学校还是很成功地做到了这一点。

■ 换掉现有的家具布局，使每桌人数少一些（每张桌子供两到六人使用）。

■ 让咖啡馆的入口处变得令人感到温馨自在，比如，配备安装衣服挂钩，墙上艺术，可以跺掉鞋子灰尘的棕垫。

■ 替换家具，不要从你所在学校的供应品目录选择家具，从公共咖啡馆和餐厅汲取灵感。可以考虑二手家具。选择各种软席和桌椅。

■ 紧挨着壁橱的包厢式席座，给人一种私密的感觉，但还是可以做到督导。壁橱不要太高，使用壁橱上方的空间，做成玻璃柜展示学生的3D作品。

■ 用各种照明设施、不同颜色的油漆或者墙纸重新装修空间，创造各种不同的角落和不同主题的区域。

■ 改成大型窗户，从而改善咖啡馆的自然采光。

■ 用大型滑动门或车库风格的玻璃门代替小门，从而改善室内到户外的联结。

分散在校园内的多间咖啡馆，这一理念也可以应用于提供午餐的学校以及那些自己从家里带来午餐的学生。在杜克学校——北卡罗莱纳德拉姆的一所小学和初中，学生在公共活动区吃他们从家里带来的午餐。澳大利亚的学校一般都让学生自带午餐。学生一般在操场吃午餐（初中和高中）或者出去游戏之前在他们的书桌上吃完午餐（小学和初中）。小咖啡馆的多种用途意味着许多学校现在有空间让学生舒适地坐下吃饭。在盖恩斯维尔佛罗里达大学的P. K. 杨发展研究学院，中央厨房供应学生的食物，天气晴朗时大家就在户外桌子上吃饭，酷暑或下雨天就在自己的学习社区吃饭。

支持学生开展学习活动

学校餐厅一般占据很多空间，而且大部分不是用于教育目的。学校餐厅的设计更像正式的餐馆。首先，如果到了餐馆不吃饭，你会觉得奇怪；其次，如果你不是和别人一起去餐馆，也会感到别扭。然而，常常看到人们在城市咖啡馆工作、阅读、使用笔记本电脑或平板。咖啡馆的设计和运营思路传递这样的信息：欢迎你来就餐、喝水，或者只是坐坐，前面放着一个空的咖啡杯；你可以自己这么做，或者一群人一起这么做。传统的学校餐厅在设计方面没有体现类似咖啡馆的运营思路，但这样的思路应用于学校场景并不难。而且这将向学生传递重要的信息："你在这个地方学习会感到很舒适。"

让分布在校园各处的小咖啡馆带有餐厅的功能，这将令就餐空间同时也成为学习空间。这样的咖啡馆最好坐落在易于督导的地方，并且紧挨着安排好上课时间的教室。

即使你必须继续使用中央餐厅，也可以让它支持开展具体的学习活动。至少，你可以让老师把班级带进中央餐厅，进行在教室里不太好开展的活动，诸如角色扮演或辩论。餐厅用作团队教学效果也不错，两位或更多的老师和他们各自的学生可以在一个更大的空间一起学习。加州马林的布兰森学校在新建校区保留了一个中央餐厅，但这个区域对学生全天开放，让学生在里面学习或交流。一个开放的中央餐厅可能存在督导难题，不像卫星模式那样好管理，但这样的安排意味着全天都能利用这个空间，而不是仅仅在午餐时间。

布兰森学校的许多元素强调了四个设计原则。最令人注目的是玻璃墙和车库门，使得整座教学楼大部分都是绿色场景，消除了大量学生进出时造成的"过道拥堵"这一问题，并且天气好时还能邀请学生外出席坐。咖啡馆的桌子设计给四到六名学生使用，保持谈话群体规模不会太大。教学楼屋顶的光伏电池允许学校生产自己的电源，对其绿色建筑认证做出贡献。

给学生提供非常强有力而又真实的学习体验的另外一种方式是让他们也参与餐厅的运营（比如，见工具栏的"案例分析：大卫·汤姆森中学"）。几乎餐厅运营的每一个方面都可以让特定年龄的学生参与进来。从五岁开始，学生可以清理餐桌，参加菜单的制定。从七岁开始，他们可以摆桌，为特别的餐厅或咖啡馆活动做广告。从十岁开始，他们可以招待其他人，帮忙清洁，以及开始理解餐厅运营的经济原理。从十二岁开始，他们可以帮忙准备食物。（在美国一些州，烹

任可能要求证书。或许学生可以获取这样的证书换取学分。）高年级
的学生可以参与高层次的咖啡馆运营，毕业时也可能获取学分。

图8.6　德克萨斯州坎贝尔新科技高中的餐厅就像一个可以随时来访的咖啡馆。餐厅
全天开放，也用作学生团队项目的学习空间。当地商人经常拜访学校指导学生，而且
大人和孩子们使用咖啡馆的空间一起学习、吃自带的午餐。

厨房花园学习项目

学生抱着学习的心态参与食品准备的例子很多，而且有了恰当的
支持，这样的参与非常成功。亚历山大厨房花园基金会（澳大利亚）资
助学校为8到12岁的学生建立学习项目。项目的理念是一起种植、收获、
烹饪以及分享应季的新鲜食物，这样学生参与了准备食物的整个过程。

花园和餐厅有什么关系呢？这个问题的答案是："在大多数案例
中，两者关联性不大。"其实，有许多原因令学校创建厨房花园具有

意义。首先，花园给学生提供可以就地品尝的新鲜食物，从而减少餐厅或咖啡馆带来的环境影响。其次，厨房花园可以给若干课程的开展提供真实且优秀的学习资源，这些资源不仅可以应用于健康和科学课，而且也可以用于读写和算术课。最后，花园提供的学习机会再怎么强调也不为过。从课本上学习食物是怎么产生的，无法跟亲自体验种植、烹饪及品尝自己的食物相提并论。工具栏"聪明的想法：厨房花园"对学校花园的益处有更多的描述。

人们常认为只有当学校有大面积的开放性绿色空间，厨房花园才得以开发。事实并非如此。厨房花园可以从放在地面上甚至在学校屋顶上的简单木箱开始。当地的五金商店经常会捐赠创建厨房花园所需的材料。学校的大小不会影响厨房花园的建设。

在澳大利亚，知名主厨兼作家斯蒂芬妮·亚历山大撰写了一本倍受关注的烹饪书《厨师的伴侣》（*The Cook's Companion*），也为8到12岁的学生研发了一个整体性的项目。该项目让学生参加种植、收获、烹饪以及在学校分享食物，从而学会什么是健康饮食。针对如何在校园建立并运营厨房花园，亚历山大的书《和孩子在厨房花园做饭》（*Kitchen Garden Cooking with Kids*）（2008）提供了一个细致的、基于实践的指南。想获取更多信息，请见斯蒂芬妮·亚历山大的厨房花园基金会网站（www.kitchengardenfoundation.org.au）。

引导积极的行为

把传统的餐厅改造成鼓励学习的餐厅，这一挑战成了一个有趣的学生项目，这样学生群体产生了归属感，而且相应地尊重这个空间。这一章开头的许多建议，在职员许可和指导的情况下，可以由学生自己实施。应该在设计的过程中辅导学生。除了更好的装修、色彩、声响以及灯光之外，学生能够参与策划健康的菜单，然后到厨房帮忙准备食物。学生也能帮忙开创并维持厨房花园。如果资金允许，学生能够帮忙创建带有食物加温储藏柜的一系列小咖啡馆（在规模较大一些的学校），这样就餐就不用那么集中并机构化。

学校可以通过建设许多令人感到宾至如归、多功能、注重学习的咖啡馆来鼓励积极的行为。

案例分析：大卫·汤姆森中学

从1994年开始，大卫·汤姆森中学开展了一个培训主厨的项目，即学生为整所学校准备午餐。从2009年开始，项目还利用学校温室建造厨房花园，而且学校也发展了健康饮食文化。以下是艾莉森·贝尔厨师兼讲师对学校项目的描述：

大卫·汤姆森中学坐落在加拿大不列颠哥伦比亚的因弗米尔风景城，学校很幸运地拥有一个独特并且非常成功的专业厨艺项目。担任主厨的学生们非常忙碌——他们经营学校的餐厅！不是一般的学校餐厅，落基山咖啡馆的主要特色是加拿大地方菜，配有多种文化的菜单，以及供应有机食物和当地生长的食物。

在大卫·汤姆森中学，我们努力为职员和学生提供健康的食物。我们学校没有食品贩卖机和油炸食品，而且落基山咖啡馆被认为是省域创新和健康食物的领军者。像所有的青少年一样，我们学生的身边也充斥着垃圾食品的广告，但我们开展的项目对他们的食物选择有积极的影响。起初，这需要一点点教育！但在不懈的努力下，我们的客人现在对食物有相当的了解。雪松板野生三文鱼蒜米饭以及蔓越莓酱一眨眼就卖光了。咖喱山药浓汤、新鲜水果、酸奶果昔、豆腐卷饼以及全麦烘焙食物，还有许多别的食物也是如此！大家在烹饪课中学会了准备食物的基本要素或考取了省域一级厨艺资格。

这个项目于1994年诞生后，我们致力于教育我们的学生以及更大的学校社区尊重食物。此外，我们尽自己所能让学生关注围绕食品与食品安全的社会议题。比如，我们为食物赈济站准备冷冻起来的食物，在世界粮食日举办"饥饿宴席"，与当地生产商建立了从农场到学校的有力联盟，为社区老人举办特殊的饮食服务活动。每周二放学，我们组织一个慢食烹饪俱乐部，这项活动由慢食哥伦比亚峡谷（Slow Food Columbia Valley）资助。最好的一点是，自从2009年4月开始，我们在大卫·汤姆森中学的社区温室为我们的项目种植食物。

即使每周一天只有一个高年级小班来参与招待、帮忙或甚至管理厨房，这个机会也是可以实现的。找出与全校课程最紧密的关联，从那里开始。

聪明的想法：厨房花园

　　学校的厨房花园带来很多益处。它通过真实的、亲自实践的学习教孩子们关于植物的生物学。它也包含了健康的户外体力活动，孩子们可以呼吸洁净的空气。花园提升了孩子们对健康和营养的意识，并且让孩子们参与到花园中来，教会了他们区分批量生产、使用化学药物、转基因食物与有机生产的当地农产品之间的差别。年纪还小的孩子们在花园里工作能够培养他们对健康水果和蔬菜的品味。厨房花园也能够激发孩子们对健康菜品烹饪的兴趣。厨房花园的益处如此之多，学校应该尽最大努力开展，即使校园里只有一小块土地可供利用。事实上，即使在人口稠密的市区，土地需要额外费用，学校也应该考虑在屋顶上安置一座厨房花园。

图8.7和8.8　格兰斯维尔的社区温室和永续栽培的花园，不列颠哥伦比亚因弗米尔的格兰斯维尔网络社会与其合作组织一起在这间温室旁创建了一座永续栽培的花园；学生为当地社区提供食物。

图8.9 澳大利亚墨尔本科林伍德学院是开展斯蒂芬妮·亚历山大厨房花园项目的先驱，孩子们在那里有机会种植、培育、收割、烹饪及品尝有机食物。

图8.10 在圣安东尼奥，于2014年开放的安妮·弗兰克激励学院蔬菜花园是校园的主要特征。在花园里劳作被纳入课程，而且学生种植的食物将供给学校厨房烹饪。

■　CONCLUSION　结　论

知行合一
——学校应该从何处着手

这一章节根据重新设计21世纪学校的基本原理以及一些案例，即有些学校成功地利用设施设计应对21世纪教育目标，回答两个问题。首先，学校可以采取什么步骤来确保本书讨论的设计原则得以实施，进而创建高效的学校？其次，学校如何着手？这一章节的若干案例研究讨论了各种社区如何迎接教学楼与教育期待达到相互契合的挑战。不是所有学校都要从花钱改善设备开始。事实上，即使每年花几亿美元以上在教学楼和翻新项目上，大多数学校提升设备水平的预算并不多。这也是为何学校和学区人事部门更需要深思熟虑如何让他们对设施的投资体现最大的教育价值的原因。

从渐进的改善开始

通过提升教学楼促进教育改变常常始于微小的变化，比起在整个校园实现重大的现代化转变，这样的改变实施起来更快捷、容易而且也不那么昂贵。较小型的实验性项目，比如一个完全重新设计的小型学习社区，学生人数不超过150名，老师也只有六到七名。根据学校社区能够把控的速度逐步扩大实验性项目的规模，直到整所学校可以按照新的模式运转充分翻新的设施。

改变学校设施时应该考虑到未来，因为设施相对昂贵，而且通常要使用很长一段时间。然而，同样重要的一点是任何学校的变化不要操之过急，免得老师们跟不上步伐。

本书包含的想法对于任何学校都适用，不管学校处于变化的哪个环节。刚刚开启转变旅程的学校可以在提升学校入口这一方面投资，采用第二章所列的建议让学校看起来令人感到宾至如归。其他

图C.1　对设备的简单改变，诸如使用组装式桌子，可以推动学习型教学楼的创建。

学校可以处理教学楼一翼的教室，改造并利用过道空间，还有一些学校可以打通两个教室之间的隔墙，创建一间学习套间，然后在套间旁边再增添一个学习露台。换言之，学校可以通过筛选这本书不同章节提供的想法开启各自转变的进程，从小型项目的应用开始，进一步迈向学校的整体转变。

职业发展和教学法改变的重要性

比起对整座教学楼的重新设计，以提升教师教学实践为目的的小变动更易于成功地实施。理想地说，整本书描述的学校设施的改变，其成功推进需要教学实践、学校结构，甚至学生评估的同步跟进。

老师针对教学法和实践的改变可以：更多起到促进的作用；使得学习变得更加以学生为导向；确保教授的内容能够引发更高层次的思考；给学生提供深度学习体验，更多跨学科的学习及项目。此外，科技可能需要从计算机实验室解放出来，方便大家随时随地使用，而且老师之间需要更多的合作，也需要更多的时间备课。当然，这样的改变可能需要学校对日程安排做出整体的变动，包括取消打铃，而且更重要的是致力于为老师们提供所需的职业发展条件。

对现有空间的评估

教学楼空间与教学需求的同步改变始于对现有设施的评估。对传统教学楼的评估很单一，因为关注的仅仅是教学楼的硬件条件，比如完整的屋顶、机械和电气系统，而对于学校设施是否适宜从而提供21世纪的教育则考虑不多。在附录A和B，我提供了两个非常不一样的清单，一个给小学设施，一个给中学设施。这些清单是根据罗琳·麦克斯韦（Lorraine Maxwell）的"教室评估量表（Classroom Assessment Scale）"和菲尔丁·奈尔国际（Fielding Nair International）的"教育设施有效性工具（Educational Facilities Effectiveness Instrument）"的评估体系整合出来的一个混合型工具。一开始，学校应该利用这些清单对学校设施做一个快速且精确的评估，判断自己的学校是否体现了21世纪的教育。如果校区包含各种类型的学校，可以先评估最小的、具有代表性的学校。这些清单很宝贵，它们给团队里的教育工作者和外行人提供了一个工具来衡量建筑设计的品质，进而提升或取代比较陈旧的设施。毋庸赘言，必须付出各种努力确保所选设计的测评分值尽可能接近清单上的最大值。

制定设施总体规划之前的考察

不管是投入10万美金还是1亿美金这样的大型项目，你都必须从严格的考察开始，考察要采取谨慎步骤以确保改变有意义、可持续。关于如何进行考察，这里提供了一些方法：

● 和校长及学校领导团队一起开介绍会；

● 和学校管理员及学校领导团队的一些成员一起察看场地，获取第一手信息——校园转变有哪些机遇、存在什么样的局限性；

● 和学校领导团队设想工作坊的创建，商定支持设施改进的长远图景；

●邀请所有学校股东，以及学生、老师、家长、教育和商业领袖、政府代表参加社区工作坊；

●建立教师工作坊讨论新的课程设置、教学法以及支持这两者的日程安排与所需空间；

●建立理念与环境可持续发展的工作坊来确保所有转变都尊重校园文化和精神，同时与学校对环境可持续发展的承诺保持一致。

考察的目的是以具体的总体规划结尾，进而作为行动的蓝图。总体规划将为学校从整体上提供一个蓝图，同时还包括一个关于短期和长期改变建议的优先事项清单。此外，还要对每个改动建议所需花销进行估算。

建立一个领导团队

考察的过程需要合作，尤其是在一个领导团队的指导下进行更好，这一点有两个关键因素。首先，需要听取所有主要教育股东的意见并满足他们的需求。其次，获得学校社区的广泛支持也很关键，因为学校需要寻求支持为待改进项目拨款。

个别学校主管和校长倾向于让内部工程专家处理学校设施的相关事项。这是一个错误。管理设施的工作人员在管理教学楼和设施日常使用方面做得很好，但他们可能没有相应的专业知识思考建筑设计对教学法的影响，反之亦然。所以，学校的项目应该始于领导团队的会面，根据项目的规模和范围来决定团队的大小和成员。

总体而言，学区范围的总体规划、大规模翻新、增添学校或新的学校项目，这些都需要强大的领导团队，尽可能包含多位主要的股东，但为了保持效率，人数也不要太庞大。我做过的项目领导团队来自学区、学校管理部门或两者皆有派来的代表（比如主管或校长），加上受人敬重的老师、家长、学生、社区代表以及当地商业领袖。理想地说，领导团队不应该超过10或12人。为了避免创建合法实体的复杂，团队成员应当是义务的，团队只有提供建议的权力。负有法律责任的学校主管和学校董事会可以使用这些建议来制定自己的决定。领导团队可能没有任何官方地位，但他们的工作在社区举足轻重，因为他们会考虑所有教育股东的观点和愿望。

及早聘任一个专业团队的重要性

避免在考察过程中过早地定义你的项目。通常是，学校领导对他们的需求有强烈的想法，然后通过意向将他们的决定合理化。事实上，美国大多数学校的设施项目在聘任专业设施人士之前，在规模和预算方面已经完全定义了。更好的途径是给设施专业人士写一份总体的工作范围。这份文件应该从总体上阐述学校或学区的期待，对项目和预算作简洁的描述，进而用来征求学校设施策划者和建筑师团队的提议。

比起学校和学区自己做决定，聘任设施策划者或建筑师之后再做决定将对众多学生的生活产生较为长远的影响。这就是为何需要深思熟虑再做决定。你所选的设计专家将带领你一步步走完上述的考察过程。

从实地考察中汲取的经验教训

从以教师为中心的主导模式转变为以学生为中心的模式，以下的案例分析描述了设施对这一转变产生的影响。教学楼虽然只是转变过程中的一个方面，但已成为开展教育新方式触目可及的强大象征。

不要坐等大笔资金：罗德岛的米德尔敦公立学校

米德尔敦公立学校大概有三千名学生，是相当典型的美国学区。在2006年，学区决定对老校区的设施进行评估。对所在学区五所学校的完整评估（三所小学、一所初中、一所高中）展现了与全国其他学区类似的情形；所有学校已有相当高的校龄，不再满足21世纪教育的需求。针对这样的情形，学区委托策划了一个总体规划来决定如何升级现有设施或更换成符合21世纪教育标准的新设施。2007年的总体规划列出1.2亿美元的预算，费用令人震惊地高昂，在现实中，这样的规划超出这个中产阶级聚集的小镇的支付能力。另一方面，如果选择什么都不做，这意味着社区学校越来越跟不上时代潮流，最终的结果是小镇上的家长为了给孩子寻找更好的学校，搬离这个地区。

米德尔敦利用在制定总体规划过程中收集的现状评估和教育充分性数据，开启了一系列渐进式、低预算的小规模实验项目。学区关注如何花钱使之对教育产生最大的回报。

第一个项目针对森林大道小学，选取教学楼的一翼做实验性翻新，这一翼教室原先是幼儿园和一年级的学生使用。与将被分配到新空间教课的老师紧密沟通后，开发出新空间的设计。改造的结果相当好，这个侧翼被改造成带有各种空间的小型学习社区，之前用作过道的区域也转变成大型公共活动区。翻新创建出来的这个学习社区从地面一层的设计就遵循本书提到的原则——宾至如归、多功能、支持各种学习方式、创造积极的校园氛围。

在学区主管和设施主管的指导下，与老师们的谈话侧重于如何开展更好的教育，以及利用新空间作为教学法改变的催化剂。尤其是老师们希望合作而不是在各自教室教学的决定，这一点很重要。学生还是分别由各个教室的老师教导，但也可以随时与学习社区的其他老师交流。新的安排给学生提供了更多的学习方式，这些在以前的教室环境是不可能做到的；而且不同年龄的学生也有机会形成小组，根据孩子们正在学习的内容以及每个孩子的需求分组。

米德尔敦的第一个实验性项目——森林大道小学早教中心——在2008年开幕。该项目利用一个夏天建成，花费18万美元。自从开幕以来，这个项目引起全世界教育工作者的关注，大家以此为模板，依据这所小型米德尔敦学校教师的做法开展自己的教学实践。实验性项目的成功也引领了在各个不同校区开展的其他五个实验性项目，花费从9万到32万美元不等。这些项目包括添加一个四五年级的学习社区，在原图书馆馆址建立一个网络咖啡馆，以及建立一个高中艺术中心。

可以先从小处着手：佛罗里达坦帕希尔学院

　　希尔学院（一所拥有两百名学生、设有幼儿园学前班到八年级的学校）的校长艾米·瓦瑟开始寻找提升老旧校园的机会时，她发现让大家关注这个问题很难。毕竟，作为一所蓝带学校，好像没什么迫切的理由在教学楼上花钱。最后，她决定从小项目开始。学校的第一个项目主要是把两间低年级的教室打通，然后让教室与户外联结，如此老师们可以在合并的教室合作教学，而且能够将学习拓展到户外的石板地。尽管最初遇到一些疑虑，这一创举的成功引领了集资活动，进而开展更大的项目，即翻新整所小学教学楼。首先，艾米·瓦瑟只是想拓展对低年级教室改造这样的成功。然而，当我们讨论这个项目时，她发现可以把整所学校改造成小型学习社区。当然，这也意味着重新思考小学运行的方式，即从传统的以教师为中心的模式转变成以学生为中心的模式，同时更加强调基于项目的学习。教师合作也被当成学习社区转型的一部分加以强调，所以翻新规划里也包含了一间装备精良的教师工作室。这一项目也成功地完成，并且被整个社区高度认可。此后，希尔学院决定翻新中学部，目标是把以学生为中心的模型延伸到八年级，这时筹资就更方便些，项目也在预算内按时竣工。

　　希尔学院向21世纪学校的成功转型很大一部分归功于学院对转型节奏的衡量。节奏的把控让老师们得以熟悉新的教学法以及能够在新校园开展的教学实践。教师职业发展也很关键，这一方面得到来自学校领导层的支持。整个转型过程中，家长和老师得知所有信息并参与其中，许多人还被招募来帮忙，比如刷墙、安装地毯以及按成本价买优质的家具（有位家长自己就是当地家具店的老板）。家具制造商也提供了一些免费家具，因为他们意识到希尔学院将是展示他们产品的一个好渠道，借此也证明了公司对21世纪教学实践的支持。

　　整所学校在三个夏天内完成翻新，每个项目都以相对少的花销竣工（即占地面积约1000平方米的小学和中学部，每个项目完全翻新大概花费了25万美元）。总金额仅是学校和学区在学校设施项目上正常花费的一部分，希尔学院的改造项目不仅节约了经费而且实现了教育价值。

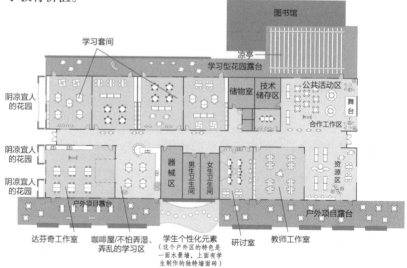

图C.2　希尔学院对某些教室成功改造之后，基于这个小项目开展了更大的项目，比如将二年级到五年级的教室改造成小型学习社区。改造过程中也进行了一些改动，比如取消计算机实验室，这样整个学习社区可以使用移动的电脑设备。

之前和之后：罗德岛米德尔敦的森林大道小学
和佛罗里达坦帕希尔学院

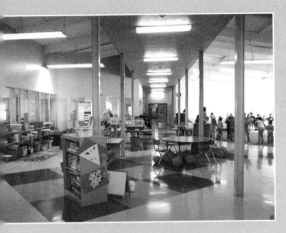

图C.4　森林大道小学之后：在同一个区域移除墙壁，增添灵活的装备，创建了早教中心的公共活动区。整体空间被设计成小型学习社区的模式，从2008年开始一直成功地运行。

图C.3　森林大道小学之前：学校教学楼一侧是典型的几排教室加过道的样子

图C.5　希尔学院之前：在希尔学院的这间教室之前没有与户外联结，而且视野不好。

图C.6　希尔学院之后：打通这间教室朝外的墙壁，换成滑动门，视野开阔而且与户外学习露台联结。

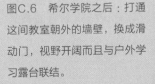

213

为教育革新创建"学习实验室"：
纽约查帕克的贺瑞斯·格里利高中

贺瑞斯·格里利高中是全国最好的高中之一。如果从21世纪的标准来评估学校，设施陈旧但状态维持得还不错，不急于翻新。鉴于这些情况——利用可接受的设施开展好的教育——贺瑞斯·格里利原本可以什么都不做，至少在未来几年可以维持现状。然而，该高中拥抱创新，让学校与未来接轨并成功运行。

对学校的未来作预测之后，查帕克中央学校校区的领导班子和贺瑞斯·格里利中学一致认为学校应该逐步脱离高度划分和部门化的教育模型，尽管全国大部分学校都使用这样的模型。在他们看来，这个模型令老师们难以合作建设交叉学科课程。学校教学楼里教室加过道的设计也不利于开展由学生引领的丰富、多样的实践活动。

为了向前迈进，贺瑞斯·格里利中学意识到有两件事需要同时实现。首先，需要培训教师合作教学，而且在外界专家的帮助下，建设新的、交叉学科课程。可以先小规模开启这些课程，然后再逐步扩展。其次，学校需要给这些新课程创建新的空间——学生在这些新空间可以接触更多的学习形式，而不是被局限在传统教室里。

为了推进这两项优先处理的事项，学校成立了一个核心小组，由17名"创新成员"组成——一群学校老师自告奋勇地设计并提供新的课程设置。与此同时，学校聘任了一位教育设施策划者兼教育咨询师帮忙设计课程及开发新课程的试点空间。

　　考虑到比较紧张的预算——包括咨询费，不能超过20万美元，学校在一层圈出一个约400平方米的小场地。这个区域有四间教室和两个办公室，将被改造成一个学习实验室，给创新成员使用并开展新建设的交叉学科课程。

　　从某些方面来看，学习实验室的设计与小型学习社区相似，但与小型学习社区不同的是，这一空间设计给特定群体的老师使用，在那里这些老师可以合作并开展一些传统教室无法进行的课程。这个设计背后的哲学很简单——创造一个舒适、激动人心的空间，比起学校的其他区域，更能开展较广范围的教学活动。该空间与学习型教学楼的观念一致，有充分的多样性和灵活性，成了随时随地开

图C.7　在纽约查帕克的贺瑞斯·格里利高中，这里原先是四间教室和两间小办公室，之后在此创建了400平方米的学习实验室。与传统的教室相比，这里相互毗邻的各种空间可以开展丰富多样的教学形式。

展任何教学活动的空间模板。因此，不像传统教室年复一年无所改变，这一区域随着学期的推进看起来、感受起来都不一样，因为使用这一空间的老师和学生（不是设计教学楼的建筑师）每天都需要对于如何使用这一空间做出决定。

社区的参与是有效的：密歇根布朗菲尔德山高中

在2009年经济下滑达到高峰时，布朗菲尔德山社区面临着招生紧缩、预算减少的境况，并且两座建立50年之久的老教学楼需要数百万美元的资金进行修缮。解决问题的许多提案都考虑过了。第一个提案提及在现有的校址上建立两所规模较小的新学校。这一提案将花费1.5亿美元，被社区在债券公投中否决。学区后来想出另外一个提案，将同一校址的两所高中合并起来，建立一所新的高中。这一提案标价9700万，也被在债券公投中否决了。显然，这两个提案都没考虑脱离传统学校的设计。在这个时候，社区满腔怒火、催促学校董事会取消这两个提案。大家对整个高中学区的混乱非常不满，不断反对投入任何重大资金来修缮学校。罗博·格拉斯，被聘任为学区新主管后，立马与社区居民修好。他成立了一个领导团队，成员包括提案的支持者和反对者。这一团队的第一个任务就是聘用一家全国知名、具有坚实社区建筑资质的学校规划和设计公司。

团队致力于详尽的实地考察，如这一章开头描述的那样，做好规划并寻求机会把计划付诸实践。他们先是对设施仔细评估，然后建立引领性的实践工作坊，社区在工作坊里听到的是世界各地的学校转型成功的例子。接着团队开展了几次"篝火畅谈"的活动，让社区居民有机会分享他们的想法。此外，团队还进行若干在线问卷调查并建立关注小组，之后出炉了一个新的"混合"计划。这一计划将保留多数现有的高中，拆除学校功能失调的部分，并增添新的区域来创造一个崭新、先进、能够容纳1500名学生的布朗菲尔德山高中。学校的规模划分为十一个学习社区，每个社区不超过150名学生。新计划成功最关键的一点是学校设施不仅得到提升，而且教育本身也得到提升。社区也明白了对过时教学楼的重新设计不仅维持了学校现今享有的优秀教育，而且也让社区资产得以升值。

来自社区的支持逐步融入新的混合计划，标价6700万美元——比原先被社区否决的计划少了3000万美元。这个提案在2012年5月一次特别的选举中再次投票，以压倒性的61%的票数通过，30个选区有27个区赞成。项目于2013年开始动工，计划于2015年秋季竣工开放。

这个案例分析提供了两个重要的经验。首先，21世纪学校不一定比传统学校花费更多，事实上，还节约了很多钱。其次，即使财政紧缩，如果社区居民了解到学校对设施的投入不仅仅是为了教学楼，而且是为了以崭新的方式来教育他们的孩子，从而更好地迎接21世纪的未来，他们仍会大力支持。

最后寄语

这一章节讨论的案例针对学校设施不达标且过时的问题提供了一系列的解决方案。它们的共同目标是——给老师和孩子们提供各种舒适的学习环境并拓展现有的教学方法。不管是什么推动了设施的提升——对教学楼的巩固和提升（如，布朗菲尔德山高中）或改变教学法（如，希尔学院）——学校可以更加充分利用它们的资金，而不仅仅对坏掉的或旧的设备进行修缮。大多数教育领袖已经接受这样的普遍观念，即教育实践需要跟上学校外面世界的发展。尽管转变势在必行，领导们仍会发现教学楼是整个教育产业当中仍然维持四五十年前的样子的一个元素。甚至花了数千万美元翻新、增添设施或修建新学校之后，结果还是大家熟悉的、之前占主导地位的教学楼模式，即过道两边一排排的教室。不幸的是，这样的模式，严重限制了把最好的教育理论付诸实践。尤其是在传统场景下，老师们发觉难以合作、组织学生在不同年龄段组群或建设交叉学科课程。同样，传统的场景也难以让学生独立学习、进行研究、参与亲身实践的项目或参与同伴辅导等等。教育工作者每天都表达自己对这些有效的学习和教学形式的渴望——这些都是本书对于学校设施有针对性的提升所倡导的。

暂且不考虑逻辑和理念，我们也不能忽视学校改革的情感成分。我常常看到对于学校应该是什么样的以及什么样的教育实践是最好的，大家动情地争论。这些情感表述常常反映了这些区域的实况。所有领域的变革都不易，但没有哪个领域的转变比教育的改变更难以实施。把学生的舒适这一简单的问题作为例子。有些家长仍然相信给学生提供舒适的家具可能会影响纪律和严格，尽管事实恰好相反。

本书谈及的所有建议号召学校以许多家长不熟悉的方式运行，

而这一点应该是他们加以考虑的因素。这就是为何学校规划人员和建筑师需要付出许多努力讨论教育和学校设计引领性的实践，让学校股东熟悉新的教育方式和实践，以及支持这些新方法的学习环境设计。

这本书把教育和建筑领域许多上佳的理念聚集在一起。我试着做出一套有效的案例研究给那些需要以批判性的眼光来看待学校设施的人，就如同我们看待教育本身。除此之外，我热切地希望这本书具体的策略和建议将给学校领导提供他们所需的信息，让他们在将不是特别充裕的资金应用于设施提升之后带来有意义的和可以衡量的教育成果。

教育有效性调查

——小学设施

说明：阅读以下每个类别，在方框里填最能描述学校环境的数字

颜色、材料以及质地： ☐

2 ＝ 优秀：墙壁、地板以及家具颜色各异，但不过于刺眼。质地可
　　　以有两种以上不同的材料（比如，两种或两种以上类型的地板
　　　和墙壁表层）。空间给孩子们提供机会处理不同的感官材料，比
　　　如水和沙。

1 ＝ 充分：材料和颜色变化较小，柔和，不太刺眼。

0 ＝ 不充分：颜色和材料反差很大，色彩过于强烈，而且不同的陈
　　　列和活动区域没什么差别。

社交和游戏的空间与材料：☐

　　小组一起游戏的空间带有可以掌控的材料：配备的物件允许孩子们用他们选择的东西创造（比如，乐高和其他积木、培乐多彩泥、小雕塑、汽车模型和火车轨道）。

2 ＝ 优秀：在主要学习区有足够四个以上的孩子使用的空间和材料，并且包含三个以上这样的空间。

1 ＝ 充分：有足够两个或三个孩子使用的空间和材料，以及至少有两个这样的空间。

0 ＝ 不充分：没有足够的空间和材料给两个以上的孩子同时一起做游戏。

规格：☐

2 ＝ 优秀：所有空间、家具以及设备都是与年龄相符的级别和高度，考虑到学生和老师的人类工程学需求；物理结构高度多于一个的永久变化，孩子轻易就能感知（比如，天花板高度的变化，地面高度的变化，阁楼空间的变化，挂在天花板上的横幅）。

1 ＝ 充分：空间、家具和设备的许多方面都在合适的级别；物理结构的高度有一个改变（可以是暂时的或永久的）孩子就可感知。

0 ＝ 不充分：空间、家具以及设备的级别和高度不适合年龄组或使用者的需求，或者只是关注老师的人类工程学需求。空间内没有可感知的高度变化。

个性化：☐

2 = 优秀：展示了孩子们的作品，而且孩子们很容易就看到，孩子们的作品都是个性化并且原创的（不是看起来非常可疑地相似）。

1 = 充分：孩子的作品和商业海报混在一起在大概合适的高度陈列，但没有陈列所有学生的作品。

0 = 不充分：看不到孩子们的作品，而且任何陈列都是成人制作的作品或商业海报。

主要学习区域：☐

2 = 优秀：可以在主要学习区域开展各种活动，其中包括一个用来实验或涂鸦的空间，附近就备有清洁设施。学生可以接触电子版及印刷版资源和项目材料，同时项目准备和储存区紧挨着工作区。有充足的空间让所有师生走动，不会造成阻塞或相互推搡。

1 = 充分：只在特殊的房间配备清洁设施，而且只有在某些课堂上，学生在老师的督导下才得以使用储存和准备区。有充足的空间给几乎所有学生积极地实践以及在房间里走动。

0 = 不充分：学生很少能够或者不能接触资源和材料，而且储存区只给老师使用。清洁设施没有在项目工作区旁边。空间有限，而且在活跃的项目开展期间走动起来存在困难。

隐私：☐

2 = 优秀：空间和家具为孩子们提供两到三个空间，让他们觉得自己的隐私受到保护并能掌控自己与他人的互动（比如，半围起来的空间、小角落、专用家具，给一到两个孩子使用的窗边席座）。

1 = 充分：孩子们可以发现或创造至少一个隐私空间。

0 = 不充分：孩子们没能找到隐私空间。

流通与界限：☐

2 = 优秀：所有或者大部分活动区之间有足够的空间，孩子们驾驭这些空间时不会干扰到正在进行的活动；所有或大部分活动区之间有清晰地区别（比如，可见的隔离、家具的摆放、小地毯、颜色和材料的改变）。

1 = 充分：一些活动区周围有足够的流通空间；各个活动区之间的界限不太明显。

0 = 不充分：上述区域之间很少或没有流通的空间；活动区之间没有区别。

所有权：☐

2 = 优秀：有三个以上的区域学生可以称之为他或她自己的空间（比如，小房间、垫子、桌边的椅子、抱枕）。

1 ＝ 充分：有一个或两个空间孩子们可以称之为他们自己的。

0 ＝ 不充分：没有空间孩子们可以称之为他们自己的。

修复性空间： ☐

为了减轻认知疲劳，应该给孩子们提供机会参加不需要集中注意力的活动。应该具备这些修复性的活动所需要的空间，比如看鸟类进食，在这样的空间里孩子们可以自己活动。修复性空间应该包含易于进入视野的物件，诸如软席、植物、动物、窗边席座或鱼缸。

2 ＝ 优秀：在主要学习区域有三个以上的修复性空间。

1 ＝ 充分：一到两个修复性空间。

0 ＝ 不充分：没有修复性空间。

空间的多样性和灵活性： ☐

2 ＝ 优秀：配有各种材料、家具以及设备，允许学生改变空间的样子和用途（比如，建立或创造空间，移动家具，把一个展示区改成非正式的隔间，陈列他们自己的作品）；而且有各种类型和大小的空间。

1 ＝ 充分：学生有一到两个机会改变空间的样子或用途。

0 ＝ 不充分：学生很少或没有机会改变空间的样子或用途。

肌肉锻炼运动技能区： ☐

2 = 优秀：有一个专用的室内游戏区供所有孩子日常使用；有一个专用的户外游戏区作为肌肉锻炼运动技能区。

1 = 充分：有一个室内空间在白天的时候可以用作肌肉锻炼运动技能区；可能还有一个专用的户外区域。

0 = 不充分：没有充分的空间训练肌肉锻炼运动技能。

储存： ☐

2 = 优秀：大多数材料和玩具都储存在孩子们能够取到的地方（比如，不依赖大人，小孩自己可以够得着并且搬得动的足够小的容器）。

1 = 充分：不是所有的材料和玩具，而只是一部分储存在孩子们能够获取的地方。

0 = 不充分：大部分材料和玩具储存在孩子们取不到的地方。

作为专业人士的教师： ☐

2 = 优秀：老师的工作空间是各个小团队聚集在一起，分享一个专业工作坊，里头有计算机、电话以及其他设备。这一空间提供正式与非正式的面谈空间，而且设有合作和备课的工具。工作坊在主要学习区旁边，有意无意间就可以督导学习社区。

1 = 充分：老师们分享一个半私密的办公室。有一个教师共用的工
作坊，配有必需的设备，但进行非正式和正式的会谈以及备课
的机会有限。

0 = 不充分：每位老师在自己的教室彼此隔离开来，和其他教师合
作、备课以及交流的机会有限。

灯光：☐

2 = 优秀：若干类型的灯光和改变灯光的机会；便于控制不同层次
的灯光（比如，亮度调节开关、灯罩）；可以利用日照光。

1 = 充分：不能调暗灯光或控制其他灯光，但有各种灯光设备；有
一些日照光。

0 = 不充分：无法改变灯光层次；采光没有多样性；没什么日照光。

家具：☐

2 = 优秀：有各种家具，便于使用、移动并且保养完好。家具的规
格与年龄相符。

1 = 充分：有一些种类的家具；家具保养完好，在规格上大部分与
年龄相符。

0 = 不充分：家具保养得不好，而且规格与年龄不符。

科技：☐

2 = 优秀：孩子们可以在任何地点通过全校无线网络使用与网络联
结的设备，随时随地都可以学习。

1 = 充分：学生可以在白天的大部分时间使用联网的计算机。

0 = 不充分：科技仅限于集中和固定的计算机实验室或教室后面的
电脑。无线网络只覆盖很少区域或者完全不能上网。

分数卡

每个类别加起来的分数：☐

20~32 = 优秀：高效支持21世纪的学习

11~19 = 充分：能够支持21世纪的学习，但还有提升的空间。

0~10 = 不充分：不能支持21世纪的学习，急切需要改变。

来源：改编自罗琳·麦克斯韦的教室评估量表，"儿童照料环境的能力：物理环境
的作用"，《环境和行为》第10期（2006）；以及来自菲尔丁·奈尔国际的教育设施
有效性工具。

APPENDIX B　**附录 B**

教育有效性调查

——初中和高中学校的设施

说明：阅读每个类别，在方框里填入最能描述学校环境的数字

颜色、材料以及质地：

2 ＝ 优秀：墙壁、地板以及家具颜色各异，但不过于刺眼。质地可以有两种以上不同的材料（比如，两种或两种以上类型的地板和墙壁表层）。空间给孩子们提供机会处理不同的感官材料，比如水和沙。

1 ＝ 充分：材料和颜色变化较小，柔和，不太刺眼。

0 ＝ 不充分：颜色和材料反差很大，色彩过于强烈，而且不同的陈列和活动区域没有什么差别。

音响：☐

2 = 优秀：背景噪音低，教室"低声谈话"的声音可以接受。噪音被软装吸收了。合理的布局，声音大的区域没有设在安静区域的附近。

1 = 充分：背景噪音水平低，但需要创建合适的隔断以确保声响大的活动区不在安静区域的附近。

0 = 不充分：噪音和回声干扰注意力，而且带有不同声响水平的活动区相互毗邻。由于缺少好的声响设计，担心制造太多的声响常常限制学生合作和积极完成项目的自由。

大本营和个人储存：☐

2 = 优秀：学生有个人工作站、可以上锁的储存空间，并且允许他们自己负责维持这些空间。所有学生随时可用项目材料、资源和工具，这些资源放在合适的项目准备区和工作区附近。

1 = 充分：工作站没有分配给每个学生，而是大家一起分享。每个学生有自己可以上锁的储存空间，而且社区共享的材料和项目储存空间在合适的空间附近，但不是所有学生都可以使用。

0 = 不充分：没有提供给学生个人工作站或可以上锁的储存区。大部分的项目材料、资源、工具等不是没有就是储存在学生取不到的地方。

科技： ☐

2 = 优秀：全校覆盖无线网络，所以孩子们可以在任何地点使用联网的设备，随时随地学习。鼓励学生使用移动设备做调研和交流，将科技进一步融入课程，而不是将科技分离开来或禁止使用。

1 = 充分：学生在校一天的大部分时间可以使用联网的计算机，但不支持使用移动设备。

0 = 不充分：科技仅限于集中和固定的计算机实验室或教室后面的电脑。没有或者很少联网，而且学校不支持或不允许使用移动设备。

个性化和陈列： ☐

2 = 优秀：陈列学生的作品，而且学生、教职员工和来访者都可以看到这些作品，作品都是个性化且原创的（而不是可疑地完美或看起来都一样）

1 = 充分：各种学生的原创作品和商业海报放在一起陈列，但没有陈列所有学生的作品。

0 = 不充分：没能看到学生的作品，陈列品都是商业海报，或者只是陈列"优秀"学生的作品，而且这样的作品还不是原创的。

空间的多样性和灵活性：☐

2 = 优秀：至少有三种类型的空间来支持各种学习形式（比如：小组活动的房间、资源咖啡馆以及展示区）。

1 = 充分：至少有两种类型的空间；给学生一些机会改变空间的样子和使用的方式。

0 = 不充分：空间的大小和类型没有变化（比如，每间教室的大小一样，而且只按一种方式装修）。

灯光：☐

2 = 优秀：有若干类型的灯光，并且可以调节灯光；有简易的方式控制灯光的层次（比如：亮度调节开关，灯罩）；有天然日照光。

1 = 充分：不能调暗灯光或作其他灯光控制，但有各种类型的灯光设备；有一些天然日照光。

0 = 不充分：不能改变灯光的层次；没有各种不同的灯光；没有天然日照光。

家具：☐

2 = 优秀：各种各样的家具和设备允许学生和老师改变空间的样子和用途（比如：移动家具、创造空间、陈列自己的作品）；家具令人舒适，方便使用和移动，还设有软席。

1 = 充分：有一些不同种类的家具和一些专门用于灵活家具布置的区域，但不是所有的区域都这样。

0 = 不充分：家具很少或没有变化，而且是固定的，不能适应使用者的不同需求。

主要学习区：☐

2 = 优秀：主要学习区允许各种不同的活动，包括一个开展实验或杂乱无章活动的空间，旁边配有清洗设备。学生可以获取电子版和纸质版资源、项目材料，并且也可以使用工作区附近的准备区和储存空间。所有师生有充足的空间可以走动，不会产生拥堵或相互推搡。

1 = 充分：只有在特定的房间才配有清洁设施，而且在某些课堂上，有老师督导时，才让学生使用储存区和准备区。基本上全体学生有充分的空间可以活跃起来、在房间里走动。

0 = 不充分：学生很少或不能获取资源和材料，而且储存空间只给老师使用。清洁设施没有挨着项目工作区。空间有限，而且开展活跃的项目时存在问题。

健康：☐

2 = 优秀：有专用的室内和户外区域给所有学生日常使用、做游戏、锻炼及运动（比如，瑜伽、舞蹈、有氧运动工作室；举重房；

步行道）。而且，饮食健康的学习也包含在学校健康教育支持体系的整体观念当中（比如，向学生开放商业厨房设施学习健康烹饪；新鲜食物供应商；在校时可以使用学生厨房）。

1 = 充分：可以在一天的某些时候在室内做锻炼。可以让学生使用厨房带来和准备自己的食物或者拥有新鲜食物供应商。

0 = 不充分：没有室内锻炼的充足空间。如果有厨房，学生也不能使用，而且学生没有学习烹饪课或准备自己食物的机会。

修复性空间：☐

为了与认知疲劳作战，需要给学生和老师机会参加不需要集中注意力的活动。学生不需要经过允许，可以自由地使用开展这些修复性活动的空间，比如看鸟进食或风吹动叶子。修复性空间应该包含容易获取或看见的物件（比如，软装、枕头、植物、窗边席座、鱼缸）。

2 = 优秀：在主要学习区域有三个或更多的修复性空间。

1 = 充分：一到两个修复性空间。

0 = 不充分：没有修复性空间。

作为专业人士的教师：☐

2 = 优秀：老师的工作空间是各个小团队聚集在一起，分享一个专业工作坊，里头有计算机、电话以及其他设备。这一空间提供

正式与非正式的面谈空间，而且设有合作和备课的工具。工作
坊在主要学习区旁边，有意无意就可以督导学习社区。

1 = 充分：老师们分享一个半私密的办公室。有一个教师共用的工
作坊，配有必需的设备，但进行非正式和正式的会谈以及备课
的机会有限。

0 = 不充分：每位老师在自己的教室彼此隔离开来，和其他教师合
作、备课以及交流的机会有限。

非正式的学习区域： ☐

让学生聚集的空间（比如，吃饭、交际以及合作）配有软装、
咖啡桌、长凳，可以聚集的楼梯等，这些空间大家能够看见而且方
便使用。

2 = 优秀：足够的专用空间和家具让四个以上的学生聚集，在主要
学习区域有三个以上这样的空间。

1 = 充分：足够的空间和家具让两到三个学生聚集，至少有两个这
样的空间。

0 = 不充分：学生没有机会聚集和参加非正式的学习活动。

气质、美学和社区联结： ☐

2 = 优秀：学校的整体设计和美学呼应社区的文化气质和背景。入
口让人觉得宾至如归，通过窗户、天窗和户外学习空间与大自

然联结。

1 = 充分：入口让人感到宾至如归，与周围环境有一些联结，但学校的级别和风格没有与社区关联。

0 = 不充分：设计没有呼应社区的气质，很少或没有与大自然关联。

分数卡

每个类别加起来的分数：☐

20~28 = 优秀：高效支持21世纪的学习

11~19 = 充分：能够支持21世纪的学习，但还有提升的空间。

0~10 = 不充分：不能支持21世纪的学习，急切需要改变。

来源：改编自罗琳·麦克斯韦的教室评估量表，"儿童照料环境的能力：物理环境的作用"，《环境和行为》第10期（2006）；以及来自菲尔丁·奈尔国际的教育设施有效性工具。

致 谢

如同人生中许多有意义的成就，这本书能够以飨读者也并非我的个人秀。这本书有很多关键的幕后者，他们的优秀使得这本书最终完稿，在此我对他们致以最诚挚的谢意。感谢我的妻子乔迪·桑普森-奈尔，她的爱以及对我人生的影响在我所做的一切当中显而易见——这本书的每一页都带着她的印迹；感谢我的孩子们黛儿塔、玛丽卡和杰克，他们从太多方面给予我人生的目的和意义而无法在此一一描述；感谢我的老兄兼生意伙伴兰迪·菲尔丁，读者可以从本书展示的许多项目中看到他作为世界知名建筑师的魔力。感谢我的父母和兄长迪帕克，让我度过一个开心的童年，还有太多感谢的理由不便在此一一列出。

感谢盖尔·约翰逊，当我逐页构思这本书的想法时，他不时给予我珍贵的友谊和睿智的指点。感谢凯茜·罗伯茨-马汀，与我详细探讨本书的所有章节并提供了设计和排版方面的宝贵帮助，尤其当我撰写"宾至如归——入口和公共区域"这一章节时令我受益匪浅。感谢安娜莉丝·葛琳，作为创新型教育工作者，当我撰写有关教师的领域、咖啡馆、图书馆以及户外等方面的内容时提供了关键的专业指点。感谢凯丽·欧博科对"一体化学习区域——实验室、工作室以及DIY空间"这一章节的贡献，她尽力帮我做的广泛调研有助于本书的撰写。

起初在网上搜索不到合适的人选来为此书做插图时，我几乎放弃，这时却发现了我们华盛顿工作室的克里斯蒂·安德森，她为本书做的插图使得这本书各章节熠熠发光。

感谢我的每位朋友、同事以及菲尔丁·奈尔国际这个大家庭——杰·立特曼、艾萨克·威廉斯、詹姆斯·希曼、珍妮弗·拉玛、瑞慈·马塞利斯、丹尼尔·麦卡锡、路易斯·希罗塔、特拉维斯·彭诺克、克里斯·黑兹尔顿、梅尔文·费希通、克里斯·菲尔丁、萨利·泽斯堡、迈克尔·凡·海摩尔、迈克·比克维斯基、迈克尔·费希尔、拜平·巴赫冉、鲍勃·皮尔曼以及加里·斯坦格，感谢他们帮忙创建了那些美妙的学校，这些学校也成了我许多灵感的来源。

感谢我幸运地与之共事的勇敢的教育工作者，他们几乎每天的大部分时间都在竭尽全力做对孩子们而言最佳的事。在他们当中，特别要感谢的是布鲁斯·罗克斯托、凯文·巴特利特、艾米·瓦瑟、罗斯玛丽·格雷格、罗博·格拉斯、克雷格·约翰逊、乔·阿瑟顿、斯蒂夫·弗里曼、琳达·海斯、迈克·墨菲、保尔·特恩布尔、琳·麦凯、罗伯特·罗德以及布雷特·雅克布森。

最后，最重要的是感谢我的编辑卡洛琳·乔恩西，她提议我写这本书，然后花了数不清的时间帮助我充实、润色每一章节。没有她的提议、指导以及鼓励，这本书无法完稿付梓。

智能课堂设计清单

帮助教师建立一套规范程序和做事方法

作者：[美] 史蒂夫 · 斯普林格

布兰迪 · 亚历山大

金伯莉 · 伯斯安尼

定价：49.90元

出版社：中国青年出版社

ISBN：978-7-5153-5298-5

获美国《学习》杂志"教师必选奖"

获《中国教育报》"教师喜爱的100本书"奖

加州大学洛杉矶分校（UCLA）等名校追捧的课堂管理模式

美国教育界"金苹果"奖、麦格劳–希尔奖明星教师经典之作

这是一个真实的课堂，有趣极具吸引力的智能课堂；一套系统、严谨的规范程序，一条清晰的成长路径；100多种清单、图表、范例、步骤和方法，简单、具体、高效，可直接复制，让课堂教学秩序井然；用设计"清单"，持续、正确、高效地把工作做好，确保学生获得更为有效的学习体验。

◎ 智能教室布置设计

◎ 课堂管理工具箱

◎ 课堂教学技巧

◎ 考试和评估清单

◎ 行为管理方法

◎ 教室外活动清单

◎ 课程标准和要求

◎ ……